問禪

繼程法師的
十二堂禪修課

釋繼程——著

〔自序〕問禪

且問 何謂禪
自性清淨 定慧體一不二
六祖如是說
此乃建立在豐富系統的教
與次第完整的觀之基礎上
化繁為簡而向上一着
故禪的行與悟需利根方成
而根之利可通過教觀的修學磨成
因此可知歷代禪師皆有深厚基礎
若只關注禪的向上一着
卻忽略了禪的向下扎根
那就差之毫釐失之千里了

且問禪行者
是否已扎實基礎
磨利了根才進入禪的修行
若尚未如此
請息下急功的心
踏踏實實的打基礎磨鈍根
待到因緣具足時
禪自然行悟自然開

序問禪

定稿於甲辰九月十五
香港鏡館翠雅山房
甲辰九月十六鏡館會心不遠之我居
太平徒程萍題

目錄

〔自序〕問禪 003

〈第一講〉**不忘初心** 015

教禪的信心 017

真正受用佛法 020

不斷練習是一種堅持的精神 022

一千年如一日 023

複習是為了反觀自己 026

〈第二講〉**建立信心** 029

信心的建立 032

能信與所信 034

信佛的態度 036
信法的態度 040
信僧的態度 041
三寶一體 043
能所不二，信心不二 044
佛教特重證信 047
大信心入佛門 048
信願門、智慧門、慈悲門要三門一體 051

〈第三講〉至道無難 053
道字妙義 055
緣起是佛陀覺悟之道 058
修行的兩難問題 059
信慧不可分 063
有揀擇就有煩惱 065
至道的簡單生活方式 069

〈第四講〉**誤信迷途** 073
無分別並非不分別 076
修行三境界 077
守戒的標準 082
不要存有順逆的心 086

〈第五講〉**莫信妄語** 089
不落入修行的灰色地帶 091
莫學狂禪走偏門 093
禪師的觀機逗教 095
珍惜現有的學禪福報 097
禪宗祖師方法體現在公案 099
禪字的定義發展 103
天台止觀建立完整的方法系統 105
禪宗強調見地，而非理論 108

112 自依止，法依止
113 〈第六講〉 真正的信
115 禪修觀念也是方法
116 心的本然性功能
117 空是佛法最核心的思想
119 萬法不離緣起法則
122 與明相應，不再輪迴
124 直接滅除無明
127 建立完整的佛法教學系統
129 信緣起、信因果，解脫煩惱
132 緣起性空
135 假我和無我
137 相信自性清淨
141 實修實證，信心不退轉

〈第七講〉**相信方法**

通過修行確認信心 143
方法和觀念一體 145
只管打坐 147
運用所緣境收心 150
七支坐法放鬆身體 152
相信因果，坦然接受 155
踏實練習攝心的方法 158
修行的條件 160
懂得放鬆 162
接受自己的現狀 165
保持初心 170
打坐只要面對自己 172

〈第八講〉實修印證基本工 177
禪宗系統將方法化繁為簡 180
誠實面對自己 184
調身、調息、調心 185
入靜、止靜、出靜 188
出靜時的調身 190
隨時調三事 193

〈第九講〉從止到觀鍛鍊心 199
先修止對治動態散亂 201
懂得隨順因緣 204
真正無分別的智慧 205
善用六妙門 207
身是心的功能之一 212
覺察呼吸，體驗呼吸 215

每一支香都是新的 218
數、隨、止念佛 220
數、隨、止話頭 221

〈第十講〉**禪修與登山** 225
三種登山的方法 228
止觀相輔相成 231
佛教的定學 234
禪宗不入深定 235
禪要實踐在現實生活 239
放任六根，內外統一 241
不入深定也可修觀 242
話頭探究生命的疑情 243
念佛是誰？ 246
大信心、大願心、大憤心 248
爬山的準備工夫要充足 251

〈第十一講〉**禪的傳承** 253
斷無明是修行的根本 255
業力的習氣 258
修菩薩道，發揮長處 259
禪宗分宗，建立方法 261
符合現代學習需求的禪法 264
掌握方法要領 265
默照同時，身心統一 269
直觀憎愛是輪迴 270
所有方法皆用默照 275
與明相應，行於中道 277
悟的生活和迷的生活 280

〈第十二講〉**轉煩惱為菩提**

被動閉關，主動改變 283
善用當下環境用功 286
面對挑戰鍛鍊智慧 288
290

〈第一講〉

不忘初心

前幾天我在法鼓文理學院以「日常．修行」為題進行講座，分享修行需要「數十年如一日」。我是一九八〇年與聖嚴師父學禪，一九八五年帶了第一個禪七，可說是四十年如一日。可能有人覺得四十年如一日，表示我這個老人家沒什麼進步，談來談去都是同樣的內容，可是現在請我再講課，還是要談以前說過的內容。

為什麼要重複說呢？很多新同學可能是第一次上我的課，如果我把從前講過的課再說一遍給你們聽，這樣的四十年如一日，似乎沒什麼問題，但對舊生來說，已經聽過好幾次了，就覺得我又講重複的內容，沒有什麼特別的。類似這樣老調重彈，似乎是停止進步了，但是換一個角度來看，也可以視為是一種堅持的精神。我能堅持數十年如一日，表示保持了初心。

教禪的信心

我在隨著聖嚴師父打了第一個禪七後，就跟師父說我要教禪。因為師父教的禪法太好了，而且教得很仔細，我將師父的教學方法全都學會了，一心就想把這麼好的禪法趕快教給別人。當然，我的教禪經驗是不足的，所以師父聽後不置可否，沒有說什麼。直到後來繼續參與師父帶領的幾梯禪七，師父見我打得還不錯，才同意我可以教初階的禪修了。

從第一次教學開始，我就一直秉持初心，然而在此之前，卻從未想過要教禪修。在與師父學禪前，我已經知道佛法的好，很希望透過講課教學的方式，將佛法分享給別人。我是天生的老師，不但很愛講話，而且不會怯場，人愈多表現得愈穩健，便想為同學們上課。我最初是向一位南傳的師父學習禪法，當時只是單純地學習，並未想過要教禪，直至向聖嚴師父學禪後，才想要透過教學的方式來弘法，這算是我的初心。雖然一開始打坐，尚未有很好的經驗，卻相信師父教的方法這麼好，再加上我的口才不錯，只要懂得了方法，應該就可以教人了。於是，我的心裡就動了一個念頭：「我一定要教禪。」後來，隨著禪修體驗漸深，才知道修行還是要有一些經驗，教禪才會有信心。

聖嚴師父常說：「佛法這麼好，知道的人這麼少。」我也順著這句話說：「禪法這麼好，學習的人這麼少。」為什麼學習的人這麼少？很多人都想教禪，自認為充滿教學的熱忱，為什麼實際教學時，學生卻沒有回饋相對的意願和熱忱呢？這是因為我們大部分講的都是別人的經驗，如果本身對於佛法的好處與學佛的受用，體驗不夠深入，信心不夠堅定，講課就會心虛，自然就沒有打動人心的力量。

有些人讀書能力很強，只要閱讀了一些經典和資料，就能整理出一套完整的課程，並且講得豐富精彩。課程內容雖然看起來很充實，可是他介紹的都是別人的經驗，缺少自身的體會，很難讓學生產生信賴。真正能讓學生直接感受到修行的力量與信心，並感覺老師很可靠，一定是老師對於佛法的體會，讓學生覺得佛法對他能有所受用。

這也是為什麼我們覺得自己教課教得很好，肯學的人卻那麼少？正是因為我們無法讓學生感受到佛法的好。學生為什麼無法感受到佛法的好？因為老師本身沒有真正受用佛法的好。在這種狀況下，即使我們希望別人相信佛法，相信佛陀與祖師大德的經驗，但是這些經驗畢竟是別人的，不是自己的，我們只是轉述而已，這樣的力量一定不夠讓人產生信賴。

真正受用佛法

我們不妨問問自己：「對於佛法，我真的有受用嗎？真的有體驗嗎？」如何讓人真正受用佛法的好呢？禪修是體驗佛法的重要方法。我是在對禪法有了些體驗後，師父才同意讓我教學，這讓我在教課時，更能感覺到佛法的力量。

「數十年如一日」，對我來說是不忘初心。為什麼我在教學上有些內容明明可以省略，卻要一直不停提醒呢？除了針對新同學而說，因為這些內容是重要的學習基礎；然而，即使放眼望去都是老參，我還是要重複講過的內容，這又是為什麼呢？有些長期跟我學習的學生會說：「你講了前面，我就知道你後面要講什麼了。」意思似乎是指，這個老師都沒有什麼新鮮的內容可講，畢竟有些人每年參加課程的目的，就是希望能聽到一些新的內容，但我卻是不斷地告訴他們基礎的工夫，而且是一遍又一遍地複習，不斷地一直提醒。如果你因此感覺到這個一再「複習」，就是一再「重複」，講來講去都是同樣的內容，那就表示你其實沒有真正受用。

有一些同學能感受到我每一次講學，看似都在複習課程，但其中一定有新的內容。尤其是老參較多的課程，雖然我一樣是複習基礎工夫，但會講得深一點、細一點；而即便講的是最入門的基礎內容，只要是真正用功修行的老參，都能聽出不同之處。

根據我的教學引導來使用方法，聽第一遍有第一遍的體會，當然，也有可能因為練習不足，有些內容還吸收不到；到了第二遍，我只是把第一遍的內容再講一遍，但這一遍雖是同樣的內容，你可能就吸收到了不一樣的體會。這是因為你已經有了一定的程度與經驗，所以第一遍吸收不到的內容，現在你可以聽得出，甚至感覺得到，而這就是你所需要的受用，表示你有用心在做功課，能夠持續吸收得到成長。

因此，認為我一直重複在講同樣內容的學生，大概過了一段時間，就會去找別的地方學習；而能在一遍遍地複習中聽出更深細內容的人，或是從中覺察到先前沒有覺察到部分的人，就會願意留下來，繼續通過不斷地複習，持續深入體驗與自己相應的部分。

不斷練習是一種堅持的精神

不斷練習可視為一種堅持的精神，我能一直不斷講學，是因為在相同的學習過程中，曾得到了真正的受用。尤其看到新同學時，我更願意把這些學習過的、本身得受用的內容，再度與大家分享。

如果大家也有相同的發心，希望在學習過程中漸漸地有所體驗，甚至達到開悟的體驗，並且願意把這些體驗與他人分享，那麼你必須要很用心、很用功，因為這個過程一定要是你親身的體驗與受用，無法用別人的經驗取代。通過不斷聽聞、複習基礎方法，佛法會慢慢地進入你的內心，待你受用了之後，再轉述、傳達給他人，你會感到佛法確實很實在，因為這是你本身經過不斷熏習所得的受用，所以十分清楚基本工夫的重要性，因為你自己就是這樣過來的。

因此，我在教學時，還是要為大家複習這些方法。表面上看來是有點重複，但是每一次的課程，我都希望能踏踏實實地告訴大家，方法是如何運作的，希望藉著不斷熏習，待各位有因緣、有條件教學時，這些方法都能扎下根來，成為你們身心所受用的體驗。如此一來，當你們把這些體驗傳達給他人時，內心會感覺非常實在，因為這是你的親身經歷。

一千年如一日

舉例來說，因為來臺灣的時間有限，我很少在法鼓文理學院上課，但會盡可能在學院帶禪修、講開示，而很多同學們都希望我能講《小止觀》。順此因緣，每回開講前，我自己都要再翻閱、複習一下這門功課。《小止觀》雖然只有短短的一卷十章，內容卻非常豐富。由於用的是古文，用字有點深，卻很精要，每個字若用現代白話文解釋，都能衍生出好多的內容，所以我每次讀都是溫故知新，都會有些新的體驗。有時閱讀一個句子，會發現還有更深一層的意思，是過去未曾體驗到的涵義。比方說，我們常認為天台止觀比較有次第，禪宗禪法則較無次第，但在一次閱讀中，突然發現其實禪宗禪法與天台止觀，兩者可以貫通。早期講課時，我沒有這麼深刻地閱讀《小止觀》，因而未覺察到這一點，待發現可以用這樣的角度解讀，就帶來了更新的、更深的一層理解。

雖然我說自己教學是「數十年如一日」，但流傳長達一千多年的《小止觀》，則是「一千年如一日」。我們每一次閱讀《小止觀》，如果能像第一次讀到一樣地用心學習，則每一次都會有新的體驗，這是在修學上必須具備的心態。如果把每次的閱讀都當成是重複動作，讀多了就囫圇吞棗地略過，那就會錯過很多精彩、重要的內容，所以一定要把握好正確的修學心態。

現代人喜歡追求新鮮感，總希望多學一些新的技巧，但這對修學而言，是很表層的學習。學習的重點在於堅持的精神，要有「不管多少年，我都是如一日」的學習精神，才能從中體會到所學內容的深度。

追求表層學習的人，往往學了不久，失去了新鮮感就不想再學，卻不知道複習同樣的內容，其實能學到更新的內容。此所謂的「新」，不是外在帶有刺激感受的新鮮感，而是能持續深入，不斷覺察到更深層、更新的體驗。這樣的體驗才更有動力，能促使人持續學習，並為所學扎下堅實的根基。

教學也是如此，我發現有的老師可能因為本身所學不是很紮實，所以教學時就照章講一講，應付了事。學生聽了課後，由於感受不到老師用心教，所以也就不用心學，課程就這樣過去了。這便是為什麼佛法和禪法這麼好，學的人卻這麼少。因為缺少感受，所以辦課程常常只有開始的時候人多，愈到後來人愈少。感受是雙向的，上課效果不佳，一方面是學生的態度有問題，有的學生只想追求表層的新鮮感，並不想深入，這種學生即使老師費盡心思告訴他紮實的方法，他可能也感受不到；另一方面，則是老師的態度有問題，因為老師沒有拿出一種堅持的態度讓學生知道：「我一定要告訴你們這些內容，一定要讓你們好好地學，只要你們把根基扎好，就一定會有很好的受用。」沒有這樣的堅持態度，學生自然留不住，因為他們感受不到佛法，也受用不到法喜，很快就會去找別的老師。如果老師的教學態度非常用心和堅定，學生依然留不住，那就是學生自己的問題了。

大家日後都有因緣、有條件去教學，尤其弘法利生是出家眾的責任，是本分事，態度更應當用心和堅定。至於教學的領域，是要教理論或實修，以及教到什麼程度，則看個人選擇，不論所做的選擇為何、願意走哪一條路，都是因為我們知道佛法的好、禪修的好，而願意踏上這條修行路。如果你希望有更多人一起來學佛，請發願努力。發了願後，心態上就要把握好「數十年如一日」的精神，對自己做的事要很堅持，非把它做好不可。發願結合堅持的態度，就能在整個學習與教學的過程中，持續不斷地凝聚力量。

複習是為了反觀自己

同學們上課時，不要只想多學一些高階的內容，希望趕快開悟，要先反觀自己基本的工夫用得如何。因此，這回的課程還是要複習，複習的目的就是讓你們反觀自己。

我在各地教學，有時會遇上一些學生告訴我，他的修行經驗有多好，似乎工夫已經很超越了，在這種情況下，我就會問他：「你的數息工夫練得怎麼樣？找得到呼吸嗎？能夠數嗎？」有的人告訴我，他還不能數呼吸。我心想：「還不能數就跟我談修行經驗，那就是妄念了。」因此，我就會馬上提醒他要打好基礎了。這也表示我自己的工夫要夠穩定，不然的話，一聽同學說他的工夫有多好，聽得自己都有點害怕了，好像學生還比老師厲害。如果老師自己的工夫不紮實，就會心虛，也就不敢提醒學生了。

不過，我也發現有些人的工夫，確實只是表面的嘴上工夫，因為讀了很多書，累積了很多知識，所謂「為學日益」，累積知識並不難，把這些知識稍加整理，就可以向別人炫耀一番了；但是，回到實修上，禪修工夫並非靠口才就能瞞過別人的。

出家是為了弘法利生，有責任把佛陀和師父教導我們的方法，更好地傳承下去。所以，我們都要發一個堅持下去的願。這個堅持，首先是要求自己堅持紮實地學習，堅持不斷地練習工夫，這樣才有辦法將佛法分享給更多人知道。

從表面上看來，我們的禪修課程並不特別；而外界有些人辦禪修課程，會刻意吸引那些抱持好奇心、想嘗鮮的人參加。如果我們也用這種態度辦課程，整個課程下來，也僅是起到一個接引的作用，真的要讓工夫紮實，「數十年如一日」的堅持態度必不可缺。

大家一定要知道，聖嚴師父從開始教禪起，也是數十年如一日，持續不斷地把他最大的努力、最大的用功都放在教禪上，好讓我們去感受、去體驗禪的受用。如果你們能夠更直覺地感受師父的用心，就要把它放在心裡，並轉化為對佛法與修行的信心。

整個修學的過程，請把握好堅持的精神，我們同行於這一條菩提道路上，自始至終都要堅持到底。

〈第二講〉

建立信心

疫情期間，我既沒有確診，身體也沒得什麼病，但其實已經漸漸地有一些慢性病問題。我的血糖比較高，容易導致很多併發症，因為糖分會隨著血液循環到身體器官，久而久之，器官就會開始受損。一開始不容易覺察身體出問題，等到感覺不適時，已是很嚴重的症狀。

身體老化是很正常的生命過程，通常隨著老化所出現的問題，就是老病苦了；對於修行工夫比較好的人，特別是高僧，老病問題對他們來說，則只是身體比較不方便而已，聖嚴師父便是如此。

聖嚴師父的晚年明明是老病纏身，他卻說是「美好的晚年」，這就是一種心靈上的修養，讓他超越生理的障礙，繼續保持著「數十年如一日」的力量。師父能夠如此，是因為他有很堅定的信念。這個信念來自於信心，有了信心，所有的問題都不是問題，讓他可以一直堅持下去。在這麼長遠的時間裡，師父做事始終是非常專注、心無旁騖，而且是以最高標準要求自己全力以赴。面對所有內內外外的困難與問題，他之所以都能堅持下去，都是因為他的內心充滿力量。

我們檢視一下自己能堅持像師父這樣的信念，具備像他這樣的內心力量嗎？大部分人修學佛法都是從「信」而來，只是一般人的信，往往比較飄浮不定，所以沒有力量。當然，但凡有了信，就不會完全沒有力量，只是一般人的信和師父之間的差別，就在於對修行的信心能否真正扎根？能否不斷深入？假如往前追溯，在我們開始信佛、初建信心時，是依什麼為核心呢？是信佛、信法或是信僧？信到何種程度？同學們來學佛，甚至出家，一定是因著信心的帶動，但這個信的力量能帶著你走多遠呢？

信心的建立

信心的建立，基本上宗教信仰可分為兩類：一類是靠外在的力量，這個力量是超越的、比人更強大有力的，甚至被視為是一種高不可及的力量，一般民間信仰即屬於此類。有些民間信仰者可以信一輩子，但信的程度可能只停留在表層，或要依附外來的力量；另一類的宗教信仰，則是來自內在的信心，佛教即是如此。

事實上，所有人的內心都需要一種信心，以做為人生的寄託。所謂「人生不如意事，十常八九」，我們知道人生並不圓滿，滋味是苦的，畢竟在大部分人的一生中遭遇的事，不如意的總是居多。因此，聖嚴師父常提醒我們「需要的不多，想要的太多」，人的不如意常是因為想要的太多了。

但換個角度來看，需要的雖然不多，但有的人連基本的生存條件都不容易具足，因而有些信仰特別容易針對這類人推廣，我們先暫且不分這些是屬於正信、迷信或邪信。這些人很需要藉由外來的力量讓自己感到心有所靠，如果連內心的依靠都沒有了，就會失去生存下去的力量。

常聽人說宗教是一種生命的寄託，這種說法不能說錯，卻只能說明宗教的一部分功能，但確實很重要，因為一個人如果連對宗教的寄託都沒有的話，可能就不知道要如何活下去了。宗教能帶給人力量，而要得到力量就必須相信，這種信通常是內心對外在力量的信任，以這樣的方式來維持內心的堅持。

有些人說自己沒有任何宗教信仰，即使不信宗教、不信神，他們的內心還是有某一種信念，才能信到足以不信其他任何外在的對象，這也表示還是需要由信而來的力量。人人都需要由信所產生的力量，但這種力量能否由依賴外力轉變為內在的相信呢？由我們修學佛法的經驗可知，一開始對外力的依賴往往很強，甚至緊抓不放，認為這是讓自己活下去的力量。有些人即使信的是外在的力量，卻信到可以為此奉獻出生命的程度，並因為有了信仰而感到幸福，這一種完全信賴，表示這種信很單純、很清淨，內心沒有雜質。

單純的信仰很常見於我們的長輩，尤其年紀大的阿公、阿嬤，甚至是阿祖。這些老人家即便信的只是一個很簡單的民間信仰，但不管發生什麼事，造成多大的衝擊與困難，只要到廟裡點三炷香拜一拜，向神明講一講心事，保佑他們解決問題，講完後就沒事了。即便他們的問題根本沒有解決，卻覺得這樣就安心了，因為神明都知道了，一定會保佑自己平安，並指引出一條路。由於信仰者的心非常虔誠，只要信得很單純、很有信心，對他們來說，很多問題就不成問題了。

能信與所信

有個故事說某人在拜佛時，旁人見他拜得那麼虔誠就問：「我看你拜的佛好像沒什麼感應，他到底靈不靈呢？」拜佛的人回答：「佛靈不靈沒有關係，我這個拜的人靈就好了。」這個故事要說的是，透過外在信仰的對象反觀自己內心的過程，換句話說，借助外在的信仰（所信），可以讓人將內在信心的力量（能信）發揮出來。

信仰皆包含能信與所信，你的信仰是所信的力量比較強，還是能信的力量比較強呢？通常大多數人是所信的力量比較強，因為人多習慣攀附於信仰，認為只要外來的力量強，自己就安全了，這種情況就好比一些富二代認為依賴家裡的力量，就能過上好日子。很多人認為自己既然信了神明，神明就該回饋一點什麼好處給自己，像這樣的信仰多多少少帶有一種利益交換的心思。

另有一種狀況是，由於自己的條件不足，需要外在的力量幫助自己提昇內在的力量，讓生命無論面對再多的問題與困難，都能因著外在所信的力量，而得以延續下去。

我們前面談的是「所信的對象」，至於「能信的心」，大家對此有沒有好好地省察呢？這是很核心且重要的問題。一般來說，我們都是先看到所信的對象，再由此慢慢地反觀能信的力量。從所信到能信的過程，可以是一種修行，也可以是理論的引導。你目前究竟是處於何種狀態？哪一邊的力量比較大？是比較依賴外在的對象，或已能借助外在的信仰，反觀到自心能信的力量呢？這些都是修學時的省察重點。

信佛的態度

我們學佛、信三寶，對於所信的對象，不論是以信佛或信法為中心，乃至以信僧為中心，我們的理解究竟到達何種程度呢？

以信佛的態度來說，有人把佛視為一個修行圓滿的人，或是視為神，甚至是超人。假如把佛看作是一種超人、超能量，希望能透過敬拜獲得保護，幫助自己解決問題，這樣的信佛就是信仰一個外在的對象。將佛視為是一個高高在上且超越的能量，人只能仰望、仰信他，透過這樣的方式從他獲取生存下去的力量，或是一些世俗的利益。類似這樣的信仰，稱為「仰信」，是因著仰慕、敬仰而相信，這是很普及的信仰方式，除了佛，對菩薩、神明也是如此，很多人都是以這樣的態度，仰信著他們所信的外在對象。

另一種態度是，之所以信佛，是因為佛覺悟了真理，並且毫無保留地與所有眾生分享他的修行過程、次第、經驗，讓眾生知道只要依著佛走過的路，按其方式來修行，我們最後都能達到和佛一樣的修行層次，即是覺悟。我們要相信佛所具備的各種完美的條件，其實所有眾生皆有，即使現在還沒有成佛，但我們都可以順著佛所教導的修行方式來具足這些條件。以這樣的態度信佛，佛就不是高高在上的，而是像一位老師，隨時在身邊叮囑我們要好好用功修行。

你信佛、學佛的態度，是屬於前者還是後者呢？多數人可能會認為自己是後者，將佛當成老師來學習，並相信自己可以學佛成佛；但其實前者也頗多人的，將佛視為神和超人來仰信。事實上，多數學佛人的信仰，屬於這兩者的融合，就像禪堂為什麼會有如此高大的佛像？這是佛在多數人心目中的形相，很多人還是需要仰視和仰信佛，才能產生安定或安慰的力量。這樣的信佛，心理上還是滿依賴的，但這不僅是佛教，也是比較普及的一種信仰態度。

同學們當然都能理解佛是我們的老師，因為我們常念「南無本師釋迦牟尼佛」，所謂本師，即是根本的老師。雖然知道佛是老師，也知道眾生與佛平等，但我們卻無法達到和佛一樣的程度，甚至反觀自心，對於佛的教導似乎並不具足內在的信念，我想這是很多人的真實情況。

因此，我們對佛的信仰屬於兩者的融合。一方面從佛陀的教導上知道，佛陀的確希望我們把他當作老師般地跟著他學習，以完成與他無二無別的圓滿覺悟；而另一方面，當我們這樣相信時，這個信堅不堅固、穩不穩定呢？道理人人會說，但佛法是不是你的內在信念？你能信的心可以信到何種程度呢？

多數人對於信的程度，反映在能信與所信兩者的結合過程，產生的強弱差別與消長。比如有的人信佛，是把佛當作高高在上的對象，對此心念比較強；但他又從佛法的教育得知眾生平等，一切眾生皆具如來智慧德相，他自己就具有佛性，佛做到的事，他也能做到，通過佛法理論的建設，他就能在心態上提醒和轉化自己。

至於有些人，他們的修行方法，就是不斷地提醒自己：「我是佛、我是佛……。」他們以為這樣就有幫助了，當快要生氣了就想：「我是佛。既然我是佛，佛遇到我現在的狀況，會怎麼處理呢？佛一定不會生氣的，所以我就不要生氣了。」光是這樣想，就會讓他們感到很有力量；可是不久之後，力量可能就消退了，這時就要把佛放高一點的位置去仰信他，這樣會讓他們感到安心。

我們既然相信佛這位老師，那他教學的內容是什麼呢？佛法。如果信三寶是以法為信仰的中心，就表示他在「能信」的心理上，對「所信」的佛是以「老師」的角度來看待他，因而願意學習他所教的法。

你不妨捫心自問：「我對佛所教導的法，有多少信心呢？」佛所說的經典非常多，可是有些法是否很難讓你生起信心呢？這是學佛的過程中難免會遇到的狀況。有一些法不是你不願意相信，而是你覺得它太難理解了，或是它跟你不相應。所謂不相應，是指你所想學的內容和想修的方向，和佛所教導的法不一樣。佛經有些告訴你這樣修，有些告訴你那樣修，你要接受哪一個呢？你想往生到淨土，但又看到經典說空才是究竟的道理……，那是不是想要信往生淨土，就不要信空？……哎呀！真讓人頭痛！

要釐清這個問題，就要再回到對佛的信仰上，既然兩種說法都是佛所說的，你就要相信佛，即使某些內容你可能無法學，但你不會抗拒、排斥它，而是從心裡接受：「這個法是佛說的，佛為何說這個法，一定有原因與相應的對象，雖然我跟這個法不相應，但既然是佛說的，我就接受；我接受不表示我一定要依此而學，因為我更接受、更想學另外一種法，我相信那種法能帶給我更大的幫助。」

信法的態度

法既是由佛說，佛又是因覺悟了法而成佛，由此可知，「佛」和「法」是分不開的。如果你的信念是：「我接受佛是導師，他所說的法就是我要用功修行的對象。」那麼在理論上，你就會把佛和法視為一體。實際上，這點其實端看你對佛能信到什麼程度。有的人對法會有所抉擇，不是全然相信，而是有的信、有的不信，信與不信之間，則是從法的角度來看。有的人甚至是從自己的角度來看，認為他不相信的法，應該就不是佛說的，他能接受的法才是佛說的，這樣就是加入了自身的判斷，而對有些法採取抗拒、排斥的態度。

類似這樣的狀況所導致的種種辯論，在佛教流傳的過程並不罕見。如果人的信仰是以法為中心，就會對法有所抉擇，認同的部分就相信，不認同的部分就不信。佛陀也曾說不要因為是佛說的，或是某某大人物說的，就完全相信，而是要通過自己的理智、經驗與實踐，做出適當的抉擇，所以這樣的態度與作法，似乎也是在遵守佛陀的教學，沒有什麼不對。我們所信的對象與能信的心，外顯出來的狀態，事實上，也會因人而異，各有不同。

信僧的態度

我們現在能夠聽聞佛法，是因為有僧團。在佛陀涅槃後，他的教法都留在弟子所結集的經典裡，隨著時間流轉，後續又有人把這些經典轉譯為各種不同的語言、文字，在此傳法過程中，僧團扮演了非常重要的角色。

有的人將對佛教的信仰建立在僧團裡，因為古往今來，很多僧團的僧眾在修行過程中，也得到了和佛陀一樣的體驗，之後從禪出教，他們再以自身體驗教導世人，也由於時代相近，所以他們的教導會更符合當前所需。

以《小止觀》為例，這部歷史悠久的著作已流傳千載，它的成書有其時代背景。《小止觀》是智者大師為教導當時的弟子而作，但另有一說是為了自己的哥哥而寫，無論如何，他都是針對固定的對象而論述。《小止觀》雖然內容非常豐富，但我們現在的學習方式，能否精準把握要領呢？為此，歷來僧團的高僧大德，便順應當下的時空條件與因緣，用當代人能了解的語言、文字，把《小止觀》的訊息傳達出來，讓一代又一代的佛教徒更容易學習。

這就像聖嚴師父把古代經典，用白話文轉化為現代人看得懂的書，我們看後明白了義理，就相信師父了；而師父是僧團的成員，於是我們就信僧了。有些人可能信聖嚴師父這位僧，要強過信佛、信法，因為師父的話太貼近我們的心了，可以直接從師父的教導上，學習到很多連佛陀都無法教導的道理，因為佛典畢竟已經是上千年的古籍了，如果沒有通過適合的老師來傳授，我們可能就無法學會。

三寶一體

就理論上而言，佛教徒本應三寶一體地信仰，但現實情況裡，卻出現了三類人：第一類人只信「佛寶」，把佛當作高高在上、有拜有保庇的外在對象來信仰。第二類人只信「法寶」，認為佛陀的教學都在法裡，所以只要學法即可。這類人很多是學者，也有一些近代法師或是比較理性的人，他們發現佛被升到很高的位置，以致於多多少少加入了仰信與神話的色彩，他們認為這樣的佛不太需要相信，只要信佛說的法就好。簡單來說，因為佛法太好了，所以他們覺得只要接受法即可。第三類人則是只信「僧寶」，也就是他們所跟隨的老師。他們認為只要跟著老師學習就好，這麼一來，老師就跟佛一樣了。因此，有的人會把老師當成佛看，甚至認為老師比佛還厲害。當然，也有些人完全不相信出家人，覺得出家人的學養與修養都不及他們優秀。總之，各式各樣信仰的方式，在佛教界和現實環境中皆很常見。

我們既然學了佛、出了家，就一定要三寶一體地來信仰，知道佛是我們根本的老師，他是因為覺悟了法，所以成佛，他說的法就是佛法，佛法之所以能夠流傳，是因為有僧寶，而我們做為其中的一分子，就必須負起對三寶的責任。在學習的過程中，我們從學生逐漸成熟為老師，在當了老師以後，我們所教的當然還是佛、法、僧三寶，這是最完整的教學內容。

實際上，雖然三寶是以法為中心，但法如果無人覺悟，我們就無法了解；如果無人傳承，我們就無法學習。換句話說，覺悟的佛與傳承的僧，都是不可或缺的，佛和僧團的僧眾都是有情，我們既然出家成為僧團的一分子，便必須佛寶、法寶、僧寶三者圓融地來學習和信仰。對於佛的教學、法的啟示，以及僧的傳承，我們如果都理解了，那就表示三寶是我們所信的對象，而我們能信的心必須結合三寶，將對外在的信仰逐漸轉為內心相信的力量。如此一來，所信的對象就會非常明確是三寶，這是永遠不會改變的。

能所不二，信心不二

身為出家眾，三寶肯定是我們皈依、所信的對象，而究竟是怎樣的一種能信，讓我們得以信仰三寶這個所信呢？能信的心與外在的所信，兩者之間有什麼聯繫呢？三寶的所信對於我們能信的心，又起了什麼樣的作用與功能呢？

這些提問有一個共通點，就是都把三寶這個所信，看作是一個外在的對象。事實上，將能信與所信二分，是多數人共同的觀念，假如我們也是如此，仍停留在能所相對、無法一體的狀態，我們對於所信的佛、法、僧三寶，將永遠感覺它們是外在的信仰對象，這樣的修行一定是不究竟的。修行要究竟，就要泯除「能」與「所」的相對，方能成就「三寶一體」的信仰。「能信」與「所信」並非相對的二分，實則是不二的。

對此，〈信心銘〉的最後一句講得最為清楚：「信心不二，不二信心。言語道斷，非去來今。」我們必須不斷融合能信與所信，直至融為一體，這是修行很重要的過程，這個過程要靠什麼呢？禪修。

我們將所信的三寶所傳達的訊息，通過禪修方法的運作，以能信的心來實踐、印證它，到最後「信」和「心」不二，心就能發揮最大的功能，讓人解脫所有的煩惱，至此，修行即告完成。

我們必須對這樣的過程有一整體性理解，才能夠反省、回觀自身的真實狀態，知道自己所信的，原來很多都是外在的對象；其次，能信的信心，又是如何通過修行，與所信的對象融成一體呢？而所信的內容，也就是佛陀告訴我們最終極的內容，又是什麼呢？

〈信心銘〉的第一句話，就明確告訴我們「至道無難」，這便是開門見山地告訴我們，至道是怎麼一回事；最後再總結「信心不二，不二信心」，打破包括能信與所信在內的世間所有二元相對相，直接告訴我們「不二」這一究竟了義法。一如《六祖壇經》所闡釋定慧一體的不二之理，說明的都是儘管世間的現象包括能信與所信的對象，一般人乍看到的都是相對的現象，但我們之所以修行，就是為了要通達終極的至道，而至道一定是不二的。

〈信心銘〉提出很多不同的角度、理論，告訴我們不二的道理，這對我們的修行有很大的啟發。如果你還有很強烈、很明顯的相對，不管是對自己的能信與所信、能修與所修的內容，或是在日常生活中面對各種不同的相對現象，要知道這所有的相對都是外在的事相，但它們確實是現實的存在；而這些現實的存在，可以通過修行見其本性，也就是明白它們的一體性，知道它們是不二的，如此就能掌握終極的至道，這個最高的道理。假如你能通過修行印證這個道理，從佛的角度來看，你就達到與佛相同的體驗了。

我們在修行的過程中，要記得問一問自己：「我到底在修什麼？我如何運用自己的身心來修？我如何通過所知的理論與方法來完成至道的覺悟？」這是當下用功很重要的宗旨，請務必確實掌握。

佛教特重證信

佛教的信，意義既深且廣，深可達最究竟的層次，廣則能普及到一切信仰。在佛法的修學裡，信心列為眾善心所之首，並特別強調清淨的意思，即所謂「淨信」。信可以從多方面去理解，坊間很多書籍針對信心，有各種不同的分析，包括從迷信、仰信，或是解信、證信、智信等不同角度切入，其中，佛教則特重「證信」。

表面上，信會有一個外在的、所信的對象，相對於內在的、能信的心，兩者皆可依信的淺深來分析信的層次與態度。初學佛法有三入門：信願門、智慧門、慈悲門。信願側重在感性與意志；智慧偏重理性；慈悲則是感性，從愛的角度出發，當然，佛法談愛，必是袪除染著的愛，也就是慈悲。

修學佛法要從哪個門進入，這和每個人的個性有關。有的人比較感性，對慈悲門有興趣；有的人學佛很容易生起信心與發願，適合從信願門入；有的人則喜修禪或做學術研究，則可以從智慧門入。有些人認為禪宗不太強調信願，而是偏向智慧的修行，實際上，佛法修行視三門為不可分的一整體，只能偏重不能偏廢。初入門時，可擇一門入，之後的修行則必須兼顧另外二門，最終使三門結合、融會。

大信心入佛門

信對所有法門都非常重要，禪修也不例外，聖嚴師父便提到了禪修必須有「大信心」，方能入佛門。此外，還要有大願心、大憤心，尤其是由話頭進入的禪眾，如此方能產生大疑情，最後才能大開悟，信的重要性可見一斑。

《大智度論》說：「信為能入，智為能度。」信是進入佛門修行的重要「能入」，很多學佛人選擇以信願入門。從修行的結果而論，唯有信心完全、完整且圓融地發揮，方能達致圓滿究竟的覺悟。至於信什麼呢？信因果。

信因果，看似很簡單。雖然緣起與因果是佛法最核心、終極的法則，但我們究竟對這個道理有多少信心呢？佛陀還說一切眾生的心本來清淨、本自具足，我們也知道這個道理，但是能有多信呢？我們必須要信到十足，才是開悟。

菩薩道的修行，第一個階段一定是「信不退」。十信位修學圓滿，進入到初住，信心不退了，才算正式進入到菩薩道修行的次第上。大乘佛法稱修行要經過三大阿僧祇劫，要到信心不退時，三大阿僧祇劫的修行才開始。在此之前，信心都還進進退退、晃來晃去，這樣的修行不算是正式的修行，要到具足十信，入了賢位，修行方告正式開跑。

如此看來，我們現在似乎還在跑道外晃來晃去，還沒進入跑道賽跑。當然，菩薩道的修行不是賽跑，這個比喻是強調信心的重要。至於最終極、最清淨的智信，這個信才是完全清淨的，不只信是清淨的，心也是清淨的，要修到這個程度，修行才是真正的圓滿開悟。

修行要學習的範圍很廣，不論是修禪或是其他法門都有很多的理論需要學習。大乘佛法的三藏十二部經非常豐富，有的人以為自己得全部學習圓滿，才算完成修行，於是花了很多心思學習各種理論；然而，學了那麼多理論後，信心究竟是增長或退轉呢？有些人的學習方法，會讓人信心退轉。

相對於智慧的修行，我們有時不太鼓勵做為世間技巧的一種學術研究，甚至把學術與信仰視為矛盾，因為有不少學者、法師，從事學術後，信心反而退轉了。因為他們用了許多資料與文獻來分析佛法，發現經典的流傳摻雜了許多人為因素，導致內容夾雜了許多雜染的心念，於是他們開始批判，結果批判到最後，修行的信心都不見了，這就是在修行中走偏了。

佛法的修行，不論用的是世間或佛法的技巧，目的都是讓我們對佛理有更深層的理解，進而讓信心更堅定。舉例來說，印度的論師針對論典中的理論進行辯論，彼此會以批判的方式指出對方的說法不究竟，這麼說的目的是要辯證自己的說法比較究竟。印度的辯論重點，在於誰的說法是究竟、了義的，誰的說法是不究竟、不了義的。認為對方不究竟、不了義，並非是指對方是錯的，而是讓自己的所學經過辯論，從而更堅定它們是究竟、了義的，也因此更有信心。大乘佛法最著名的辯論，當屬中觀與唯識之間的爭論。在辯論的過程中，雙方都沒有失去信心，反而到後期，兩者漸漸地有合流的現象。

信願門、智慧門、慈悲門要三門一體

信願、智慧與慈悲，是三門一體地運作，可以說最深的信心，就是最深的智慧，也最深的慈悲，因為它們皆是從一心發出來的。有此理解後，可知不論修行從哪一門入，信都非常重要，貫通了整個修行。同理，智慧與慈悲也必須貫通整個修行，方可到達終極的覺悟。

回到我們自身，雖然現在尚無法圓融地發揮三門的修行，但要知道理性、感性與意志，是心本來具足的功能。太虛大師提倡人生佛教時，特別論及人心的三個特勝：一是「憶念勝」，可以記憶、分析，屬於理性；二是「勇猛勝」，為意志、行動、力量；三是「梵行勝」，則屬於情感。如何圓滿地發揮心的三大功能呢？太虛大師所作詞的〈三寶歌〉提到，要做到如佛陀般的大悲、大智、大雄力，即是三門圓滿。

在各種有情中，唯有人具足這三種心理功能，並能有力地發揮出來，因此人居於六道有情的中間位置「人道」，唯有人的心，才能向上或向下，而其他道的眾生，則只能隨著自己的業力流轉，很難以自己的智慧與意志來修行，或以自己的慈悲來度眾生。心的這三種特勝，只有人這一類眾生，可以完全運作，並銜接到菩薩道的修行，最後圓成佛果。

通過修行，「理性」轉為「智慧」，「感性」轉為「慈悲」，「意志」轉為「信願」。智慧、慈悲與信願，人人本自具足，也都必須具足；只是在修行時，各人會有所偏重，唯可偏重，不可偏廢，不能廢掉任何一門，如此才能圓滿地完成修行。

〈第三講〉

至道無難

不同的修行法門都有不同的強調重點，一般來說，禪宗的修行會比較強調智慧，但是禪宗三祖僧璨所寫的〈信心銘〉，竟然特別強調信心，我讀完了之後，發現他把信心講得那麼透徹、那麼究竟，真的是不簡單。

〈信心銘〉的詩偈內容，最直接的就是開篇第一句話：「至道無難，唯嫌揀擇。但莫憎愛，洞然明白。」這句話我們常聽、常講，看起來也是很簡單的一句話，而最後的結語：「信心不二，不二信心。言語道斷，非去來今。」一個開，一個結，看似沒有連貫，實則整首〈信心銘〉，都在講「不二」，每一個偈頌所傳達的訊息，都是不二。至於不二是什麼呢？就是「至道」。因此，〈信心銘〉即以「至道」二字為開頭。

道字妙義

至道的意涵，似乎不容易理解，從字面上來看，是指至高無上的、終極的道。

在中文裡，「道」這個字實在不簡單，用法太多了。佛教傳入中國後，譯經常用到這個「道」字，而它也包含了很多意思，最簡單的意思是指道路，如八正道、菩薩道，八正道是八條修行的道路，菩薩道也是一條修行之道，如果能步上菩薩道修行，最後就能圓成佛果。

中國早在數千年前的春秋戰國時代，因周朝積弱不振，各擁權勢的各地諸侯國爭戰頻仍，在此背景下，中國文化出現了第一個哲學高峰期，許多思想名家輩出，中國很多重要的思想即是在這個年代提出，「道家」便是其中之一。

道家對於中國文化的影響非常深，它雖不似強調政治的儒家那麼明顯，但道家其實也稍涉獵了政治，甚至有人認為崇尚法治的法家，就是從道家分支出來的。相對於儒家，道家所講的是一個至高無上的理，而且更重視內在的修養，儒、道二家可說是中華文化最重要的兩大系統。直至佛教傳入，在唐代迎來中國第二波思想高峰，這時的中國文化，方形成儒、釋、道三家鼎立的局面。

中國除了儒、道思想，九流十家也各自爭鳴。表面上，中國自漢朝以降，雖獨尊儒術，實則大部分帝王與從政者的手段運作，多以法家為主。至於道家，雖未在政治上產生直接的影響，但在內在修養上，則發揮了很大的作用，道家因而也成為重要的中國文化。

道家從中國人的角度來看，是所謂終極的道，所以老子提出了很重要的一句話「道可道，非常道」。第一個道字，是指至道、最高的道；第二個道字，則是在強調凡可言說的，就不是真正的道。換句話說，至道是無法用語言、文字來傳達的，而用語言文字表達的，即非道本身。這個觀念其實放諸四海皆準，大部分論及終極真諦的道理，都會說這個道理很難，是超乎語言的，正如佛教也說終極的道，是不可說的。

佛教告訴學人「道可道，非常道」，雖然是借用道家的句子，所說的卻是同樣的道理，也就是真正至高無上的道，是無法說的，因為一旦說出來就落入文字，而文字一定是相對的，凡是相對就有分別，而有分別就有揀擇，只是這樣的一種心理狀態，其實絕大多數人都有。然而，道若可讓人揀擇，就不是佛法所謂「言語道斷，心行處滅」、「入畢竟空，絕諸戲論」，不是那不可說的道了。

緣起是佛陀覺悟之道

佛陀究竟覺悟到什麼呢？我們可以說他覺悟到「真理」或覺悟到「道」，但不論說他覺悟了什麼，在使用這個字眼時，所傳達的已非第一義，而是第二義了。然而，佛法的弘傳仍須透過文字般若，要以語言來傳達，方能讓人理解佛陀所悟真理的內容，至於佛法所謂的「道」是什麼呢？緣起。

緣起，即因緣所生起，是宇宙次序的法則，所有宇宙萬法顯現之時，就是緣起，所以緣起是一個可見、可言說的事相。緣起法則顯現出來的現象，皆不斷地變化，所以說是「無常」，之所以會不斷變化，因為它們是由各種因緣組合，而無實體，所以說是「無我」。知道了這個道理後，你是否能放下對常、我的執著呢？如果透徹了悟這個道理，破除常見、我見，就能進入涅槃寂靜的狀態，這是佛陀告訴我們的道理。

只是聽過了這個道理後，我們似乎還是落在常見、我見，還是想著：「哎呀！什麼寂滅為樂，世間很苦，我要享樂。」因而沒能通過文字般若，獲致佛所言說的至道體驗。於是，佛陀又告訴我們方法，將佛法的道理通過修行方法與事相上的實踐，使理事相結合，最終證道，此時「入畢竟空，絕諸戲論」，這個道好像什麼都不可說，但不可道又非道不可，因為即便心已覺悟、體驗到這個不可道的至道，我們還得繼續活在這個世間，就必須以說道的方式，來將至道傳達給他人，希望他們知道了之後，也能來修行。

然而，為了將至道說出來讓眾生知道，必須通過大量語言文字的傳達，卻很容易出現語言文字的局限性，書讀了太多，反而變成了障道。所謂「為學日益，為道日損」，修道的人一定要不斷地把語言文字祛除，使其損之又損。

修行的兩難問題

說到這裡，你是不是覺得很難呢？講也不對，不講也不對；聽也不對，不聽也不對；不學習佛法就不能修行，但學了佛法後，又覺得這好像也不是在修行，甚至覺得學了愈多佛法，反而障礙更多了。確實很多人佛法學得愈多，或習得了某些技巧後，反倒信心退轉，沒有信心來修行了；可是不通過語言文字來學習佛法的道理，又不知該從何修起……。修行真的是太難了！

你的修行是否也曾陷在這樣的兩難中呢？為什麼修行會修到這也不對、那也不對呢？因為但凡道理現為事相，就會有分別揀擇，一旦有分別揀擇，事情就會變得很複雜；但是沒有分別揀擇，就是對的嗎？道或不道，對亦非對，在道與不道之間，如何走一個恰到好處的中道呢？

從現實角度來看，分別揀擇是必然的現象，關鍵是我們要學習超越此狀態，取得中道，一方面讓「道可道」，另一方面也是「非常道」。換句話說，佛法講出來的真理，皆在於傳達訊息，作用是為了幫助我們建立一個明確的方向與目標，再通過一種具體的方法，完成佛法的修行，覺悟真理。在此過程中，必須經過一個超越，達到所謂的「雙不」：不生不滅、不垢不淨、不增不減，此即「不二」。生滅是相對的，能不生不滅，就是生滅不二，能做到如此，就能超越生滅的事相，禪修正是一個練習超越的過程。

三祖僧璨告訴我們「至道無難」，但前面所說的問題好像都很難。我們覺得至道很難，是因為有分別、揀擇；但如果沒有分別、揀擇，我們能認得出「道」嗎？所以說也不對，不說也不對。

我們學習理論，比如印度唯識學的論典動輒上百卷，唯識的根本論典《瑜伽師地論》便長達一百卷。玄奘大師因在中國發現不完整的《瑜伽師地論》譯本，才發心到印度將完整論典帶回，並完成翻譯。與之相比，《中論》內容看來似乎較短，中國三論宗加入中觀的《大智度論》，用以介紹廣大的菩薩行，《大智度論》同樣也是一百卷。

雖然《中論》篇幅較小，但不要以為篇幅小就比較易懂，其實中觀比唯識還難。因為唯識有事相，所以容易學；而什麼都空，就很難學，更何況最後還要把空變成有，過程中若執著空是有，或執著有一個東西叫作空，那就又落入空了，所以學中觀並不容易。

歷來許多論師大費周章地寫了那麼多論典，講了那麼多、分析了那麼多，都是為了告訴我們一個道理：至道。而佛法最終極的道、最核心的思想，就是緣起。緣起說似簡單，但如果了解不夠透徹，信心是建立不起來的，即使有信心，也是很表層的。

學佛人說信因果，其實很多不學佛的人也說自己相信因果。請問大家真的相信因果嗎？我們常調侃說，信因果的原因，是因為因果聽你的話，符合你的期待，如果因果的顯現與你不相應，你就不信了。

有些人因為信因果，就認為世間所有的現象，都必須要公正、公平；然而，世間相卻有許多不公平，他們就認為因果沒有聽他的話，甚至還有人認為自己做了那麼多好事，最後卻還要面對許多惡報的顯現，可見得因果沒有聽他的話，乾脆不要信算了。

很多人在剛接觸佛法時，一開始非常相信因果，最後卻不信了，改信其他的超能力。他們會想：「不是說好人一生平安，但我做了那麼多好事，卻好人沒好報，表示佛沒有保佑我，我跟佛說了那麼多話，他都沒在聽，所以我不要信了！我要去信另一個有超能力的、能保護我的力量，讓他幫我解決所有的煩惱問題，方法還更簡單一些。」

信慧不可分

你真的相信因果嗎？如果你的智慧不能透徹了解緣起、因果法則的道理，這樣的信是不夠的。

信與慧不可分。大家學佛不要把信願、智慧與慈悲，區分為對應的三門來學習，要將它們融為一體。如果你對因果的信愈深，表示你的智慧愈高，信與慧是互為因果的。

緣起法則遍及一切，包括心的運作也是依此法則。從緣起角度看心，它是一個什麼樣的狀態呢？佛法，尤其是禪宗的教學，中心思想即認為心的本然性是清淨的，而且是一切眾生本自具足的。然而，這樣一個法則雖是佛法的至道，但你相信自己有這樣的心嗎？如果你信，為什麼遇到一點小問題就起煩惱了？這表示你還不是很相信，如果真信你的心本性清淨，哪有那麼多雜七雜八的事讓你煩惱呢？所謂清淨，就是沒有讓你感到煩惱或執著的對象；如果有，就表示心有雜染，表示你不夠相信自己的心是清淨的。為什麼會不夠相信呢？因為你的心沒有見道；如果你見道了，就會相信。那要如何見道呢？禪宗的修行就是要讓你「照見」，智慧讓人得以照見。當心生般若後，就能照見五蘊皆空，照見自性本來清淨，如此就能度一切苦厄了。我們現在為什麼做不到呢？因為沒有照見，所以信心不足。如果沒有信心，就無法用功修行，更遑論照見了。

學佛之所以要講那麼多的道理，是為了讓大家通過對道理的理解、釐清，最後能夠真正明白佛法。只是心雖然明白了，信心未必就能建立起來，因為還沒有見道，所以還不能完全相信。而要見道，就要通過禪修，這是唯一的方法。透過修定、修慧，當智慧深到可以「行深般若」之時，就能照見了，這時就會對佛法有十足的信心。

佛法的至道，說到底就是緣起、性空這些究竟了義的道理。說來很簡單，也確實不難，但要建立對佛法的完全信心，大部分的人卻覺得很難，但這又是個必經的過程，因為唯有如此，才能學道，並覺悟至道。

有揀擇就有煩惱

〈信心銘〉說：「至道無難，唯嫌揀擇。但莫憎愛，洞然明白。」從禪修的角度來看，假如有太多的揀擇，就會讓道變得很困難；既然如此，那就不要揀擇即可，也就是所謂「但莫憎愛」。憎與愛都是煩惱，即瞋與貪，所以〈信心銘〉告訴我們不要揀擇、不要有分別心，只要心能夠達到無憎愛的狀態，便是「至道無難」，一切就很簡單了。

但事實上，我們其實不太清楚，這到底是簡單還是不簡單。〈信心銘〉雖告訴我們至道不難，只是因為我們有揀擇才變得困難，只要無憎愛之心，把揀擇、分別與貪瞋之心放下，問題就能解決，就能達到無難的至道；然而，〈信心銘〉又提到「洞然明白」，洞即透徹，意指對於所有的貪、瞋、憎、愛，必須要穿透它們，直接見到緣起性空的本性。換句話說，我們的煩惱是貪、瞋、癡，要「至道無難」，就必須在無貪、無瞋的同時，還要無癡，所以「洞然明白」，就是要明明白白、清清楚楚。

要注意的是，很多人在把貪、瞋放下的同時，會進到一種「無記」的狀態，這是很常見的修行誤區。他們以為佛教講無分別心，意思是只要什麼事都不分別好壞，就是不執著、沒煩惱，就近似於開悟，因此有些人學佛學到後來，會說這個世界沒有標準，若真如此，那是否什麼事都能做了？除此之外，還有所謂的雙重標準、多重標準，可能滿多人也有多重標準，對家人是一種標準，對外人是另一種標準；對喜歡的人是一種標準，對不喜歡的人又是另一種標準。比方說，有的老師對學生有多重標準，特別疼愛的學生即使犯錯也沒事，但是討厭的學生就算沒犯錯，也會覺得他一定有問題。

至於說沒有標準的人，他們真的可以做到沒有標準、一律平等嗎？不可能。相反地，沒有標準可能更危險，因為沒有標準就是太多標準。試想在處理一些實際事務時，總不能說沒有標準。標準一定要很清楚，才不會讓人無所適從。

「至道無難，唯嫌揀擇」，偈文中的「至道」，是至高無上的道，是我們通過修行所要圓滿覺證的道。佛法引用很多名相說明它，比如：佛性、空、真如、如來藏等，這些字眼在說明上的切入點與側重點各有不同，這就表示雖然至道本身非常簡單，但顯現為世間的現象時，變得比較複雜與困難。

對修道人而言，想要做到直透至道，就要做到沒有憎愛之心，而且是洞然明白的。沒有憎愛之心，即是無分別心，而這個無分別心究竟是明白或不明白的？這一點非常關鍵，很多人是在不明白的狀態下，說自己無分別心。因此，三祖僧璨提醒我們「但莫憎愛，洞然明白」，雖然我們沒有憎愛，不要揀擇，但心必須是了了分別、清清楚楚。這其實就是默照，「但莫憎愛」是默，「洞然明白」是照。

至道要無難，默和照都要具足，因為莫憎愛的無分別，若非洞然明白，會掉入無記或癡、無明；如果是有照無默，就有了分別心，會掉入有揀擇、有憎愛的狀態，心會起起伏伏，那就不是無難，而是很難了。

原來「但莫憎愛，洞然明白」就是「默照」，原來用聖嚴師父教導的方法就是這麼「無難」！能否真的無難，通過方法與現實生活的運作做到默照，要看每個人如何修了。

大家在修學上，必須先建立和明白一些觀念，我在講述這些道理時，也會心想是不是講得太難了？如何說才能讓大家都明白呢？可能你們會想：「都知道難了，怎麼你還有那麼多揀擇，還講那麼多？有沒有讓我們可以不要揀擇，很簡單就能接受的一種說法呢？」有，但說了以後，大家能做到嗎？能不能做到要看你的程度、理解和修行，這就是關鍵。

佛法用那麼多語言文字來傳達訊息，有人覺得太繁瑣了，他要的是比較簡單的東西，但給你簡單的東西，你的程度到了嗎？你能相應嗎？如果不相應，就必須回到揀擇。換句話說，雖然至道無難，但為了達到至道，可能就需要經過一個艱難的過程，那就是個人的問題了。

佛教從佛陀到歷代祖師們的責任，是如何把訊息更清楚地傳達出去，讓相應的修行人通過接收訊息，再回到自己的身心用功修行，直至最後完成至道的覺悟，也就是完成修行的終極目標。修行最重要的，還是回到個人。你們所聽、所聞、所學習到的，都是為了幫助自己完成修行，要清楚哪個層次、哪個領域的學習與你相應，只要相應就無難，不相應就都很難。然而，有時你們仍然會覺得，即使相應也很難，因為還是有重重的訊息需要學習，才能通過修行完成目標。不論至道是有難或無難，我們都必須自己在修行中慢慢地體會與理解。

至道的簡單生活方式

修學佛法要達到至高無上的「道」，看似困難，可從佛法的理論與實修兩個角度而論，其實是非常簡單的，畢竟再沒什麼比「空」與「無」更簡單了，至於其他理論都是分別有相的，會衍生很多的問題。修行的道本來非常簡單，問題出在人有揀擇、分別的心，如果能真正做到沒有憎愛，並且清清楚楚、明明白白，就能完成並體驗了「道」。

「至道無難，唯嫌揀擇」這句話，具有很好的啟發性，讓人知道原來修行並不複雜，甚至可以非常簡單。時下也有很多類似的生活觀，例如提倡「極簡生活」，或是「慢活」、「樂活」，禪眾甚至還有所謂「禪活」的主張，以及現在流行對各種事物練習「斷捨離」。這些觀念與作法都很好，能讓我們更放鬆地過生活。可以說基本上，這些生活觀都是要走向「至道」這種非常簡單的生活方式，包括學佛人也會說，佛法就是一種運用佛理，讓人過得更好、更開心的生活方式。

這些觀念基本上都是正確的，針對這些生活方式的教導與實踐，有時會出現一些問題，因為指導者是針對人們既有的、比較複雜的生活狀態，提出相對的作法，以產生對治與平衡的作用。這樣的方式確實是有作用的，因為當人們習慣了既有的生活模式，就會有很多繁複、雜染的東西藏於其中，例如人很容易因追逐某樣事物不可得而不快樂，一般的對治方法是用更多其他的事物來填補這個不快樂，這就好比用一個秤來秤重，當一邊重了，就加重另一邊來平衡它，可是兩邊都不斷地加重，這樣的處理方式會不會量到最後，整個人就支撐不住了呢？所以，對治與平衡之道，重點在於「減」。

禪修時，我們也提醒大家，無論在禪堂或平日生活，修行的方法就是「減法」，如果某一邊比較重，就將重的這邊減輕，讓秤能夠保持平衡。可是很多人用「減」的方式處理生活，是從外在的角度來看。但是如果斷捨東西送人，心裡卻開始捨不得；或是減了一些舊物，便想加上一些新品……，凡此種種都讓這樣的斷捨離生活潮流，即使看似頗為風行，很多人卻在試了一段時間後，就不了了之。這都是因為只是停留在外在表象來處理問題，只教導人哪些東西是不需要、該放下的，而沒有教導人在捨放的過程，心該如何與之相應。一旦少了這部分，人是否能真心放下呢？這樣的生活方式又能維持多久呢？畢竟習慣都是長久累積而成的，在累積過程會出現很多心理問題與障礙，而非得處理這個問題不可。

歸根究柢，最重要的還是要回到內心，讓外在執著與內心，可以兩邊平衡，在減輕外在執著的同時，心也必須相應。否則，累積的慣性仍在，就無法把問題處理好，即使生活看來是簡化了些，實際上，心仍停留在累積的慣性生活方式，這種簡化就無法持久，可能只是一陣潮流的跟風，潮流過了，慣性還在，心仍會繼續追逐下去。

因此，調心很重要，而依法建立起來的觀念也很重要。〈信心銘〉提醒我們不要有揀擇與分別心，沒有愛憎，而且是洞然明白，整個過程清清楚楚，這在禪修中即是默照。要做到默照，就要從內在去調心，必須具有一個很明確的觀念，知道沒有揀擇、分別的心，即是至道。把握好這一點，我們學習時，就會盡量要求自己做到沒有揀擇與分別。

藉由禪修了解到的默照，是沒有分別、沒有揀擇，沒有貪和瞋的念頭，這就是至道，如此看來，至道好像很容易就能完成，於是緊接著三祖便提醒我們「毫釐有差，天地懸隔」，這句話非常重要，意指一開始的一點點誤差，到最後就會差得非常遙遠，不可不慎。

〈第四講〉

誤信迷途

我們在日常生活中的覺受比較粗糙，以時間安排為例，有時差個幾分、幾秒會覺得沒什麼問題，但高科技發展使得測量儀器相當精密，一場賽跑可能差個一毫秒，就是冠、亞軍的差別了，即使肉眼看來兩人根本是同時過線，但透過精密的儀器，馬上就能測出差異。

當代的很多科技產品發明都是不容毫釐的差別，比如說，一輛有自動駕駛功能的電動車，在判斷行進間的安全性時，假如發生了一、兩秒的誤差，導致沒有偵測到道路上的狀況，後果就很嚴重了，所以電動車的運作必須毫秒不差，才不會出問題，影響安全。

至於修行，我們一般不會像這些精密儀器般講究精確度，很多人用功常常是差不多就好，如果你也是抱持這樣的心態用功，那就必須多加注意了。假如我們的認知有一點錯誤，或是模糊不清的灰色地帶，乍看錯誤雖不明顯，但在修行的結果上，可能就產生很大的差別，不可不慎。

我們在學佛的過程中，常被提醒不要揀擇，不要憎愛與分別，也常談到無常、無我，但話說回來，我們對無常、無我、無分別的認知是正確的嗎？如果有那麼一絲錯誤，就會進入到理解與修行的誤區，那就是大問題了。

無分別並非不分別

有些人學佛動不動就說「無我」，認為自己已經過著斷捨離的極簡生活，既跟得上潮流，也是在實踐無我。可是，他們真的知道什麼是無我、無分別嗎？

所謂無分別，並非指不要分別，最危險的一種不分別，就是連男女都沒有分別，那就要出大問題了。男女要分別嗎？要，不能不分別。儘管有人說自己對此沒有分別心，但因為男女的分別太明顯，所以這種說法馬上就能讓人發現問題。再者，有些人修行認為只要凡事都不去分別，就能達到某種修行境界，而既然無分別心，那又何必持戒呢？他們引用某些禪師不持戒為例，認為修行不必持戒，甚至舉很多例子延伸對無分別心的定義，認為好壞也沒有標準。

假如有人相信他們的說法，跟著這樣的觀念來修行，以為反正沒有分別心，就不用接受任何的標準，什麼事都可以做，只要過自己想要的生活。這種說法與認知本身就很粗糙，而用這麼粗糙的認知，過著沒有標準、不用衡量、想做什麼就做什麼的生活，生活真的能因此變得自在嗎？其實很多學佛人都曾進入這個誤區，修禪時也很容易掉入這種狀態。尤其是一些喜歡《金剛經》、《大般若經》和喜談論空的人，以為自己讀完《金剛經》就沒有了分別心，境界很高，因此處理生活就可以不設標準，不必遵守社會大眾規範，想做什麼就做什麼，反正他已經沒有分別了。

因此，三祖僧璨在此提醒我們「毫釐有差，天地懸隔」，類似這些認知上的差別，乍看細微，實則影響結果甚鉅。我們自身必須要警覺是否掉入這樣的狀態。

修行三境界

禪宗有一說法，將修行分為三種境界：1.見山是山，見水是水；2.見山不是山，見水不是水；3.見山還是山，見水還是水。

很多禪眾都嚮往第二種境界的「見山不是山」，認為這就是「沒有分別心」的境界，所以動輒用這種態度認為自己已證空，沒有分別心了，就可以用《金剛經》

的境界來生活。

其實，讀《金剛經》要特別注意開頭「如是我聞」後，緊接著關於佛陀外出托缽、吃飯、洗足、敷座而坐，而後開始與弟子對話的描述，那才是真正的精彩處，其他經典都是在「如是我聞」後，緊接著就是佛陀在某處講經，而《金剛經》為何特別著眼於佛陀當時的日常生活描述呢？因為這就是正常的生活，是每天要做的事，在做完這些日常生活瑣事後，佛陀才開始說法。《金剛經》特別把佛陀每日的生活歷程記錄下來，為的就是先讓大家知道佛陀如何生活，然後再說空的道理，這樣的空才是真正的空。可是，很多禪眾喜談空，以為沒有分別心，就沒有了標準，所以生活中的許多事就比較容易應對，也更加自由，如果能修禪至此，那就是開悟的境界了。然而，這樣的空真是《金剛經》所謂的空嗎？兩者的差別在哪裡呢？差別在於「心」。

外在事物的捨離重點，在於心有沒有跟著捨離。心必須要很清楚地知道整個情況，這個「知」非常重要，因為它是智慧的基礎。有些人的無分別心，不是「見山不是山」，而是「見山不知山」。他們因為觀念上出了差錯，而掉入誤區，他們是在「不知」的狀態下，誤以為自己無分別，實則佛法說得很清楚，這是「無記」。無記也是沒有分別，但是這一種無分別，是和愚癡相應，是因「不知」而沒有分別。我們常讚歎小朋友的童心很天真，他們也沒有分別，但這是沒有智慧的無分別，既危險又容易出問題。其他如畜生道的眾生，牠們大多也沒有分別。與人相較，牠們是因為無知，所以沒有道德、善惡的分別與標準。當然，也有人主張動物都有靈性與感情，所以牠們在某個程度上也有善惡的分別，你對牠好，牠就對你好，你不善待牠，牠也會報復。不過，動物顯現的這些作用，大多是本能性的反應，而人則是用道德觀念做為衡量的標準，這是人與其他眾生最明顯的差別。

人必須與他人共處，而有倫理。很多人學佛後，一說到修行要超越、要無分別，就認為倫理是種障礙，把戒律當作是讓人生活不自在的原因。然而，戒律規範人不能做的事，都是不好的事，假如你認為戒律是種讓人不自由的束縛，那就表示你心裡還有想做壞事的念頭。假如你不想守法，只想自由，於是就恣意妄為地犯法，殺人、搶銀行……，這還得了！因此，法律必然要約束人的自由，禁止某些行為，倫理與戒律也是如此。

由此可知，「見山是山」這個層次非常重要。我們都必須從這個層次起修，循序向上。

禪師們認為大部分的人都是在「見山是山」的層次，所以教導弟子要提昇、超越，有了空的智慧，便能達到「見山不是山」的層次。而在達到這個層次後，不能停留在滅諸戲論、什麼都不能講的「空」裡，還是要出畢竟空，所以「見山還是山」，這點之於現實生活，乃至於整個生命過程，都很重要。

學佛要先建立正確的知見，透過正見的引導走上正道。正見要先見到什麼呢？要先見到世間有善惡，所以一定有業報，業報在流動的過程中，產生過去和未來，這一切都在因果的運作中，這是最基本的正見。見到這樣的道理後，就會知道人所招感的善惡業報，一定與行為有關，是在招感業報時，形成了過去與未來的因果。

如果我們在現實生活裡的感受是不好的、苦的，便能提醒我們之所以顯現不好的果報，一定和我們過去造作惡行有關，如果希望此類感受不發生在自己身上，那就不要再造相同的業，避免形成相同的果報，而且必須要造作善的行為，以避免招感惡的果報。

因果的運作，會形成過去和未來的輪迴。雖然我們都知道惡有惡報、善有善報的道理，但在輪迴的過程中，在現實生活的情境裡，人往往會在有意無意間造惡而招感惡報，假如在輪迴中不斷重複這樣的過程，真的是只能受苦了。

如何超越這個苦呢？認清世間的因果造作，找到苦的源頭，就能息滅造成輪迴的苦因，以及後續因輪迴所衍生的苦果，此即是出世間的方法。所有世間的因果皆能通過對佛理的透徹了解，從而運用修行方法，達到出世間的解脫。由此可知，要達到出世間的解脫，最基本的正見就是要有分別心。

「見山是山」，山無論如何看都是山，你可以慢慢地欣賞，直到有一天發現能夠看透它了，發現這座山也是因緣和合所現行，所以本性是空的。至此，你已能從緣生的事相，透見本性的空，既能看到山，也能看到山不是山，因為山的概念是人所加入的種種設定，而你能夠超越它。

而此時所謂的「見山不是山」，並非真指它不是山了，而是指你看見它的本質。你發現山對你而言，意義更深、更廣了，因為你已超越長期以來對山的慣性認知，當你打破了慣性，終於發現它原來不是山，這時就能感受到一種更深廣的意境。當你回到現實生活後，想要與人分享這座山的美好，或是要發揮這座山的功能，你不能用「見山不是山」的角度去告訴那些仍停留在「見山是山」的人，而是要從「見山還是山」的角度，與他們一起分享。

如果你現在想超越「見山是山」，卻未達到此境界，有的人可能會告訴自己：「我不去分別它，見山就不是山了。」但這樣只是自我迷惑，讓自己以為山不是山，而非真正地認清、透視了它。這好比世間善惡因果有種種行為標準，你認為這些標準會讓人受約束，很多事不能做，所以乾脆不要受它約束好了。但那些戒律告訴我們不能做的事，實際上全都是不好的事，只要把這點看得透徹，自然就不會造惡，並知道好事要多多益善，這個標準是很清楚的。

守戒的標準

換個角度想，持戒反而會讓人更自在。以打七為例，大家只要守規矩，就能相安無事，但如果有一、兩個人不守規矩，認為自己是「見山不是山」的人，凡事都依自己的標準而為，那就會使他人起煩惱，甚至自己也會煩惱不已。分別、標準的重要性，不言而喻。這不僅是針對現實生活，甚至對整個修行過程，都是很重要的基礎。不要讓自己掉入不知或自我迷惑，明明處在無知的狀態，還要說自己沒有分別心。很多禪眾都會掉入這樣的狀態，以為開悟是沒有分別心，證空必須沒有分別心。其實這個觀念沒有不對，問題出在他們自視甚高的自我迷惑，還沒證到這個境界，就自以為證得了，然後就用自以為的空，而非佛法的空，說自己沒有了分別心，便可為所欲為。

不守戒有兩種層次，一種會犯惡行，另一種則不會犯戒，對後者而言，種種戒條實則如同虛設。開悟者或是證到初果以上的聖人，他們之所以不守戒，是因為他們不會再犯戒，他們的心靈空間裡不會顯現任何錯誤的行為。舉例來說，初果的聖人不會再殺生，所以他們鋤地時，心裡自然會有一種感應，而不會鋤到地裡的蟲。由於他們已達到如此程度的心靈境界，毋須刻意守戒，很自然地就能把戒守好；另一方面，從世法的角度來看，他們的生活方式也完全符合世間的標準。

反觀我們自己，心裡因為有煩惱，一看到蟲，特別像是打不死的蟑螂「小強」，看了就想打牠兩下。雖然佛說不殺生，所以不能打，但是看牠就是不順眼，於是心裡就糾結、障礙了。最終決定不殺牠，那是因為知道不能犯戒，可是對開悟者而言，他們是自然而然地、心裡就沒有傷害眾生的念頭。

弘一大師圓寂前，特別交代弟子在放置他捨報色身的床腳下，放上四個裝水的碗。他的弟子照做了，但不知其故。原來，人去世後，身體都會慢慢地腐爛而產生氣味，這便可能引來一些蟲蟻。一般人不會想這麼多，但弘一大師就想到了。聽說他每回在坐藤椅前，都會輕敲幾下，有人問他為什麼要這樣？他說椅子上可能有些蟲蟻，輕敲是為了提醒牠們：「我要坐了，請閃一下，以免坐下時，被我壓到喔！」弘一大師的心這麼細，但他並沒有刻意要守戒，而是很自然地表現在行為上。

至於一般人為什麼要守戒？因為有煩惱和欲望，我們必須以戒律保護自己，避免越過安全的範圍。

我們要清楚開悟者與凡夫的分別，我們現階段用的是世間法，現實生活中的分別與抉擇是必須的，這是一種基礎，所謂「至道無難」，則是要超越它。但要出世間，還是要建立在世間的基礎上，世間法是最基本的建設標準。假如你迷惑了自己，讓自己掉入一種無知、不知的狀態，那就與愚癡相應了，這樣說自己沒有揀擇心、分別心，實則是「見山不知山」，那是有問題的。正確的作法是要從有分別，提昇到沒有分別，而非刻意地不要分別，或當作沒有分別。兩者的差異，一是向上，一是向下，差別是很大的。之所以要特別提醒這一點，是因為運作默照時，「但莫憎愛」，沒有分別心，乍看很容易理解，但「洞然明白」，是三祖僧璨提醒我們，要清清楚楚地知道是怎麼一回事。知道怎麼一回事了，才能超越它。所以，揀擇心、分別心必須先建設起來，而後方能超越，在此建設尚未落實之前，則必須把戒律守好，不可落入「但莫憎愛」的文字相，而不守戒。

很多人只看到開悟的禪師，生活上好像都不用守戒，而不知道他們其實將戒律守得很好，而且不需要戒條的提醒，因為他們的智慧已達到自然而然就能把行為照顧好的層次。有些菩薩會做一些看似犯戒的行為，那是因為他們已經過「空」的洗滌，達到無分別心，行為如果超出戒律範圍，必是為了度眾生而為之，一旦回到現實生活，則他們的行為一定會遵守戒條的規範。

因此，「但莫憎愛，洞然明白」這個提醒很重要，才不會「毫釐有差，天地懸隔」，差一點點，就千差萬別了。

不要存有順逆的心

〈信心銘〉說「欲得現前，莫存順逆」，意指若欲至道現前，就不要存有順逆的心。

三祖於此處再次提醒我們，要達到至道，則不可有分別心。但在修行的過程中，我們常因心態上的錯誤，從「見山是山」的境界，掉入「見山不知山」，而非提昇到「見山不是山」。細微的差別如果沒有掌握好，這一上一下的差距就很大了，而要達到至道現前，則除了要「但莫憎愛」，還要「莫存順逆」，順與違的心都得放下，這仍是在提醒我們，必須捨掉分別、揀擇的心。

而不論憎愛、順逆，在捨下之前，仍須「洞然明白」，才不會因為分不清楚，反而陷入迷惑、無知與愚癡的狀態。

我們禪修時，需要在理上知道，不要有揀擇與分別的心；雖然在事相上，可能還無法做到，必須回歸現實，先處在有揀擇、分別的狀態，然後通過禪修，先分析並清楚知道分別，再用禪修的方法幫助我們提昇。所以說滅後方有道，所謂「八正道」，便包含正念、正定，這就是禪修，以及「念處」的方法，通過方法的修行，就能提昇到「見山不是山」的境界。

對於分別和揀擇，我們在現實生活中必須特別重視，並以此為基礎來用功修行。我們目前所學的方法，就是在這個範疇裡，大家用功時，不要一直空想，動輒以為自己證空開悟了，這樣很容易掉入無記。

再者，方法的練習，必須有次第、有系統、有理論的引導，還需要用功實踐。在此過程中，可能會有種種理事上、身心上的障礙不斷出現，這時就必須把握好最基本的修行原理，持續不懈地用功，如此便能逐步向上提昇，直至證到無難的至道之時，就能將揀擇心、分別心放下。

追隨斷捨離的潮流沒有不對，但它不應只是外在事物的捨離，更重要的是要發自內心的斷捨離；否則，一味跟隨潮流，雖能對治一些問題，達到某種程度的平衡，但不久後，可能又失去了平衡，於是便得找另外一個方法來對治問題。因此，我們就用禪修的方法來修心、鍊心。大家現階段要先清楚各種方法的系統、次第，以此為基礎，才能穩紮穩打地用功。

〈第五講〉

莫信妄語

「至道無難，唯嫌揀擇。但莫憎愛，洞然明白。」〈信心銘〉的偈頌一開始便告訴我們三個重點：1.修行是為了完成佛法的終極目標，所以必然是以佛法為基礎，而有從世間到出世間的用功方法次第；2.禪法教學提出種種重要的修行觀念，是要藉此引導禪修者，建立正確的知見與心態來用功；3.所謂的「至道」，必須通過無分別的心，方能覺悟。

不落入修行的灰色地帶

我們學佛時，都聽聞過不少佛法觀念，但有些觀念沒有釐清，產生了誤解，如果將這些錯誤觀念延伸到後續的行為，就會對個人修行造成負面的影響。這樣的現象無論學佛或修禪，都可見不少人掉入類似的誤區。這些誤解除了觀念上的，也包括禪修上的體驗。有些人並非真正地沒有分別心，而是自以為無分別，實則處於無記的狀態。

〈信心銘〉說「但莫憎愛」，緊接著很重要的一句就是「洞然明白」。很多時候我們看似沒有憎愛的念頭，其實是落入一種模糊不清的灰色地帶，而誤以為這就是無分別心。這是一個很重要的提醒，修行如果在知見上有一絲毫的差別，依著這樣的態度和方式來生活，行為就很容易走錯路，如此發展下去，結果就會有很大的差距。

在佛陀時代也有很多類似的問題，有些修行人以為自己證到四禪、四果，實則只是掉入無記的狀態。這些人通常都有一種慢心，自以為證到了什麼境界，而不知道自己其實處在愚癡的狀態，像這類未證而以為證的情形，佛法稱為「增上慢」。事實上，很多的修行人心思是很單純的，並沒有想要騙人、害人，只是在修行中掉入了誤區，而顯現出增上慢的狀態。另有一種狀況，有的人知道自己並沒有證得某些境界，但為了獲取名聞利養，就裝作自己證悟了，並且大肆宣傳，像這種情況便是「大妄語」。有些妄語像是說謊騙人，雖然會傷害人，但是相互比較，為了私欲而未證言證，才是最大的妄語。

莫學狂禪走偏門

禪宗於中國開展後，特別強調頓悟，有些人便誤以為禪宗有某些特殊方法，可以讓人快速開悟。中國禪法流傳較廣的主為兩脈，一派是曹洞宗的默照禪，另一派是臨濟宗的話頭禪，很多來參加我們課程的禪眾，以為這兩種方法特別有力量，一用就能開悟，他們抱著這個觀念進禪堂後，就要老師立刻教他們默照和話頭的方法，以為只要一學會就能開悟了。遇到這樣的同學，通常會勸他學習要慢慢來。

我不知道有沒有這樣的課程，可以讓人一學到方法就開悟？但是卻有這麼多人，願意花大錢參加特殊的課程，好像只要上完這些課就能賺大錢。類似這樣的速成課程，有人調侃地稱為「雞湯」課程，你只要給個幾萬塊，上個三、五天課，課程結束後，按照他們的方法去做，只消一、兩個月，你就可以成為百萬富翁了！由於人的功利心又強、又急，總冀望有一個讓自己快速有所收穫的方法，因此才有那麼多人掉入騙局。這些騙局都很可怕，卻充斥在世界各個角落。其實，我們只要理性地看待，都知道這些說法不可信，但因為急功近利的心態，所以仍有這麼多人，只因為一個電話或一則廣告，就前仆後繼地掉進陷阱。設想如果我們的禪修課程，也用這樣的方式吸引禪眾，可不可行呢？我們只要在禪修課程的海報上寫「參加課程，開悟有期」，相信一定馬上吸引一大堆人來報名。

坊間有些老師開的課程，就是用類似的口號招徠學員，這樣的課程通常很快就爆滿；但我們會提醒禪眾不要相信這樣的說法，因為沒有方法能讓人立即開悟的，課程要正常且循序地進行才是正道。如果有老師說只要參加他的課程，就能讓你很快開悟，你最後一定會很失望，因為等你上完了課，就會發現課程沒有教什麼快速開悟的方法，而想當然耳，你也沒有因此開悟。

其實，以速成來號召學員的說法，不但是種增上慢，誤以為自己有特殊方法與特殊經驗，而且是大妄語，也就是刻意欺騙他人以換取利益。只要在課程中加入能讓學生產生強烈反應或情緒爆發的內容即可，很多人會以為這些反應即是開悟的體驗，但事實上，這些體驗並非真實的開悟，而是狂喜。有些人把禪宗稱為「狂禪」，因為一般人對「狂」字的理解，是帶有褒意的，表示一個人非常地投入，但實則禪宗對於這種「狂」並不贊同，認為是在走偏門，所以是帶有貶抑意思，大家在修學時一定要辨別清楚。

禪師的觀機逗教

在禪宗裡，禪師的教導有所謂的「觀機逗教」，能對學生起著很直接且重要的引導，並發揮相當大的作用。做為後學的我們，透過禪門公案的記載，看著這些師生對話，老師只是一句話或一個動作，學生就開悟了，總是讓我們看得很歡喜，並心生嚮往。只是這樣的嚮往之心常常流於表面，我們可能只看到兩個人的互動情況，而忽略了公案的記載，僅描述事發當下，至於兩人之前與之後的事，則略而不論，所以在某種程度上，也有斷章取義的危險。

舉例來說，達摩祖師只說了句「將心來」，二祖慧可就開悟了，這則公案我們一讀再讀，讀得好不開心，因為二祖只是聽了達摩祖師一句話，心想：「原來心不可得啊！」他就開悟了，這就讓我們覺得開悟好像很簡單，沒有什麼困難。殊不知在這則公案所述之前，即二祖前來禮拜初祖之時，他為了要向達摩祖師學習，已展現出不達目標絕不放棄的堅定信心。他為什麼會對求道和對達摩祖師有這麼強烈且堅定的信心？慧可在禮拜達摩祖師前，又經歷過哪些修行？這些都很重要。如果我們只看到公案所描述的部分，這樣的理解就太表層了！

再舉一例，釋迦牟尼佛的「拈花」，迦葉的「微笑」，為什麼只是這樣就發生驚天動地的事，如此不得了？而這驚天動地的事是什麼？很簡單，就是迦葉在微笑。迦葉這老頭陀一生極其嚴肅，從來不苟言笑的，為何這時他竟然會笑了？他到底領會到什麼？這件事被記錄下來，是不是有什麼深意與啟發性呢？如果有，那麼它的前因與後果又是什麼？以上這些問題，都很重要。

後人看這些公案，常常流於斷章取義，而認為開悟是一個很簡單的過程。有的人則是對公案中的特殊行為特別感興趣，比如所謂的「德山棒，臨濟喝」，德山動不動就拿棒子打人，臨濟則是人一來就先大聲地對他喝一下，公案中還有各種拳打腳踢的描述。

說到德山禪師，他在未開悟前，學的是北宗禪，而且精通《金剛經》。有一回，他聽聞南方有不用經典即可開悟的方法，認為必然有問題，所以想用《金剛經》來破除錯謬，而動身前往南方。到了南方後，正當德山禪師飢腸轆轆時，偶遇一位賣點心的老婆婆要考驗他，說他如果回答得好，免費贈送點心招待他。老婆婆只問了他一句：「《金剛經》說『過去心不可得，現在心不可得，未來心不可得』，不知您點的是哪個心？」德山禪師當下無言以對。一位賣點心的老婆婆的一句問話，問的還是禪師最熟悉的《金剛經》，他竟會答不出來！結果德山禪師沒有點心可吃，只能餓著肚子繼續上路。這類的公案都深深吸引我們的興趣，因為他們所做的事，真是超乎一般人的想像，不可思議。

珍惜現有的學禪福報

佛教傳入中國後，已融入中國文化，成為中國文化很重要的顯學，它不僅是一門學問，還包括很多修行的方法。這些學問與方法可能是中國文化原本沒有的，又或者在中國文化中講得不如佛教深徹。然而佛教在漢化的過程中，又能融合許多中國元素，開展出中國化的佛教，便能顯現出種種獨樹一格的觀念、行為與方法，比如說禪宗。

我們其實很幸福，可以通過自己熟悉的文字與語言來學習佛法。文字是一個文化的核心，經過翻譯後，便很難觸及文化最核心的觀念與思想。佛教三大語系的漢語系，雖然經過了翻譯，但因為已融入漢文化，讓我們得以直接使用很熟稔的文字學習佛法；相較之下，如果有同學要學習其他兩大系統，那就非得熟悉藏語系、巴利語系兩種語言不可，但既非母語，想要深入理解便會相當困難。

我們現在能用熟悉的漢文，學習漢傳佛教，直接深入漢傳佛教的核心，真的很有福報。所謂「人身難得，佛法難聞」，我們能夠得到人身學習佛法，而且是以熟悉的文字學習，那真是難上加難！關關難過關關過，現在我們竟能齊聚於此學習，大家要很感恩這個福報，並且珍惜如此殊勝的因緣。我們一定要有堅定的信念，知道這是非常不容易的過程，才能以熟悉的文字，安心地修學佛法，我們實在太幸福了！可是很多人學佛，不知道自己是如此幸福，學了一下子便動念想去尋找別的方法，卻不知自己已是在最佳環境裡學習。

禪宗祖師方法體現在公案

禪宗在中國佛教展現出非常獨特的面貌，我們也從典籍語錄看到很多禪師觀機逗教的過程，而且特別強調頓悟，於是許多人以為禪宗有一些特殊或快速的方法，能讓學習者很快地得到受用，這其實是一種誤解。一般所見的公案記載，禪師與學生間的對話僅是一個片段，而在這個片段之前與之後，還發生了些什麼，都有待我們進一步了解。因為這前、中、後連貫起來，才是一個整體，不能只看到公案的片段便斷章取義，公案記載的只是一個單一事件，是一個個案，公案雖有特殊因緣，卻必須建立在整體的因緣上，如此才不會掉入理解的誤區中。

中國佛教在唐朝，發展出禪宗使用話頭的方式，從公案中提煉出一個關鍵句子，並將其做為話頭來參。參公案，看起來是一個特殊的，而且可以幫助我們更快速用功的方法，但是如果不了解形成背景和整體的因緣，只是一味地使用這個方法，效果未必顯著。因此，聖嚴師父在指導禪修時，將這些方法系統化，並建立起次第，目的是讓修學者明白，修行是一個整體的過程，所有的修行並沒有特殊的捷徑。那些看似特別有效的方法，並不是突然間發生的，而有其背後因緣和時間流轉過程的一些條件，這些方法才會出現，並在運作時產生效果。

禪宗在六祖惠能大師之後達到鼎盛，雖然我們讀〈信心銘〉，知道是三祖僧璨的作品，但關於三祖的生平資料卻很少，因此有人主張對這類作品需要進行更深入的考察，當然，大部分的考察都認為〈信心銘〉確實是當時的觀念和傳承的體現。我們讀〈信心銘〉會發現，它主要講的是觀念，而不是方法。禪宗典籍裡有很多關於觀念的教導，祖師的方法則體現在公案中。方法並非突發性的，例如某個禪師在學生來訪時，為什麼會突然叫他去喫茶、洗碗？甚至更激烈地拳打腳踢、喝罵？這些行為的背後有特定的時空條件，也視乎當事人的修為。如果對象換作一個普通的學生，禪師可能就會以較溫和的方式接待他。

再舉一則公案，馬祖道一禪師與他的老師南嶽懷讓禪師的故事。懷讓看到道一每天長時間打坐，便在他出靜時，問他為什麼打坐。道一回答說：「打坐是為了成佛。」當然，這個說法本身沒有錯。後來，當道一打坐時，懷讓就拿了一塊磚在旁邊磨。請想像一下，如果你打坐時旁邊有人磨磚，你在這種噪音干擾裡還坐得下去嗎？道一因為受不了，就問懷讓在做什麼，懷讓回答說他在磨磚，希望把磚磨成鏡子。這讓道一感到困惑，因為磚怎麼可能磨成鏡子呢？懷讓說：「如果磚不能磨成鏡子，那打坐也不能成佛。」這回答讓道一更困惑了，因為磚肯定不能磨成鏡，但佛陀確實是通過打坐成佛的啊！

為什麼懷讓要特別對馬祖說這些話？因為他看出道一雖然不斷打坐，而且非常精進，但對於關鍵的觀念並沒有把握好。懷讓因而進一步問：「如果牛車不走，是打牛還是打車？」車是身體，牛是心，所以關鍵在於調整心，而非調整身體。打坐本身不會讓人成佛，否則石頭也應該成佛了，因為它們「坐」得比我們更久。

這則公案的重點，在於強調修行的關鍵在於調心，而不是僅僅靠形式上的打坐。不過，假如你們生在道一的時代，懷讓禪師可能就會鼓勵你們繼續打坐，因為他知道你們的打坐工夫不夠，或是常常偷懶不打坐，所以他會提醒你們打坐有用。懷讓禪師知道道一沒有把握好關鍵的觀念，所以用這樣的方式來提醒他，光打坐不能成佛。可是有的人只抓住這個故事的表面，便以為禪宗告訴我們不需要打坐，諸如此類理解上的誤區，請大家務必留意。

再說到懷讓禪師，他是六祖門下非常重要的弟子，雖然在十大弟子中沒有記載，可是當禪宗開五葉、分為五宗時，懷讓的門下馬祖道一是其中之一，另外一個重要的門派是石頭希遷，他的老師是青原行思。青原行思和南嶽懷讓是兩位非常重要的禪師，前者在江西，後者在湖南，由於當時最優秀的禪師都是在這兩地活動，所以很多修學者便得在江西、湖南兩頭「跑江湖」。

當我們深入這些背景，便能進一步理解禪宗興盛的脈絡。禪宗的重要轉折點在於六祖惠能。其實，五祖弘忍已經有很多弟子，四祖道信也有不少弟子，現在我們去湖北，還能看到四祖寺和五祖寺，而六祖則回到了南華寺。在六祖之前，禪宗比較強調單傳，而六祖之後，禪宗開始遍布中國各個區域，成為中國佛教最興盛、最重要的一個宗派。

盛唐是禪宗興盛的重要時期，至於佛教傳入中國的時期，則是在漢朝末年，之後經歷魏晉南北朝的分裂，至隋朝統一南北朝，也統一了南北方的佛教。因此，隋朝出現了許多重要的佛教宗派，比如天台宗和三論宗，唐朝初期又出現了唯識宗和華嚴宗等宗派。三論宗和唯識宗偏重印度佛教的思想，而天台宗和華嚴宗則完全屬於中國系統的佛教，並且在哲學體系上也非常漢化。

禪字的定義發展

由於這樣的形成背景，天台宗的智者大師便將禪法，也就是止觀法門系統化。當時，智者大師是用「禪」這個字，指涉六度波羅蜜中的「禪定波羅蜜」，因著翻譯的關係，我們現在也用「禪」字來表示禪定，《大智度論》也稱「禪定」為「禪波羅蜜」。智者大師依據《大智度論》的禪波羅蜜，撰寫了《釋禪波羅蜜次第法門》（簡稱《禪波羅蜜》），將《大智度論》和其他論典有關止觀法門和定學的重要內容，進行整理並加以系統化。要注意的是，智者大師當時使用的「禪」字，指的是「禪波羅蜜」，而非後來禪宗所謂的「禪」。智者大師晚年時，也不再使用「禪」這個字了。

《禪波羅蜜》是智者大師早期的一部重要著作。實際上，這部著作在後來的發展中並未被詳細研究過，但它在當時已經將傳入中國的所有定學內容進行了整理。

不過，他在講解這部著作時並未講完，只講到第七章的一半，後面的三章還沒有講完。後人解釋原因，認為這是因為智者大師在講解時，正值九十天的結夏安居，安居期結束後，因學生們散去了，他便沒有繼續講，而到了第二年的安居期間，才又講了其他內容，導致記錄不完整。智者大師的多部大作，都有類似的情況，皆是緣於當時的實際情況所致。

智者大師晚期住在天台山很長一段時間，南朝的皇帝陳後主曾將他請出，之後隋朝統一，他又講了《摩訶止觀》，這時他便重新用回「止觀」一詞，而非「禪」。

中國佛教到了後期，「禪」字變得非常普及。狹義的「禪」，專指中國禪宗的禪；而廣義的「禪」，則涵蓋所有止觀法門。例如，我們現在講南傳禪法，但在南傳佛教的語境中，並沒有「南傳禪法」這個概念，他們的巴利語系中只有止和觀、定和慧。他們的代表性論典是《清淨道論》，內容講述戒、定、慧三學，其中並沒有使用到「禪」這個字，因為「禪」字是由漢字而來，只有用於中國佛教時，才知道具體的意思。

事實上，「禪」字最初與佛法一點關係都沒有，只是被借用來翻譯，並逐漸佛化，成為一種佛教修行的方法，甚至成為一個宗派的名稱，進而廣泛地指稱所有有關修定、修慧的法門，此即廣義的「禪」；而狹義的「禪」，則特指中國禪宗的修行方式。

智者大師也講止觀，除了早期的《禪波羅蜜》外，後來還講了《摩訶止觀》，以及《修習止觀坐禪法要》（簡稱《小止觀》）、《六妙法門》（簡稱《六妙門》）等開示，使得中國佛教的修行法門，特別是修習定慧與止觀的法門，得到廣泛地推廣與普及。

天台止觀建立完整的方法系統

智者大師在建設止觀法門時，提出了許多有系統、有次第的法門。不論是講《小止觀》、《禪波羅蜜》或《摩訶止觀》，都提到了所謂的二十五方便。這二十五方便是指修禪時，需要具備的各種重要條件。當二十五方便具足後，方可進入正修的方法，即進行正式的修行。

在《小止觀》中，前五章講述二十五方便，第六章則講到正修。正修包括坐中修和歷緣對境修。坐中修是指在靜態時的修行，歷緣對境修是指在動態時的修行。歷緣包括六種緣，對境包括六種境。「境」是指眼、耳、鼻、舌、身、意，對色、聲、香、味、觸、法，而「緣」則是行、住、坐、臥，以及語言和各種造作。歷緣對境修止觀的方法，在智者大師建立的系統中非常完整，為修行者提供了全面的指導。

因此，有些人認為中國的禪法不完整，這是一種完全的誤解。假如我們將天台宗的止觀法門，對照其他系統的止觀法門修學，就會發現天台止觀才是真正完整且系統化的。尤其智者大師在《禪波羅蜜》中，將禪分為四個次第：世間禪、亦世間亦出世間禪、出世間禪，以及非世間非出世間禪，這樣詳細的分法，在其他系統的禪法中幾乎是看不到的。因此，中國佛教的止觀法門，特別是天台止觀，可說放眼佛教三大系，皆可稱為最完整的理論系統。

我們可以說大凡修學止觀法門者，一定離不開當時傳承下來的各種修定的方法，比如呼吸法、守意法、念處法等。當然，在佛教中修定，是為了成就智慧，所以定和慧一般會結合在一起來講，止觀也會一起談，至於修學止觀，即是所謂的禪法。不論是修學止觀或修禪，在當時的中國佛教界，都是一個很普及的方法。那時禪宗許多開悟的禪師，並不是在禪堂裡打坐修行，禪堂裡也從來沒有講這些止觀法門的修行方法，因為他們在進入禪堂之前，都已經學過這些方法。如果你的打坐工夫不到位，是不能進禪堂的。禪堂裡的長香一個時辰是兩個小時，短香半個時辰是一個小時，如果你無法盤腿打坐，很快就會被趕出去，不可能讓你進禪堂後，才開始學習打坐。

至於我們現在的課程，則需要用上各種方法，如果禪堂建設仍然沿襲過往叢林的方式，每天都在打坐，可能很多同學進到禪堂後，腿真的會坐斷。沒有禪坐基礎的人不能進禪堂，必須先在別的地方學會打坐，才能進入禪堂。因此，我們在禪堂外要舉辦一些課程，像我們現在辦的初階禪修班，讓禪眾從基礎方法開始學習，學會後才能進來打七，同時還要體諒學習的時間不長，所以香不能放得太長，約莫半個小時的香，有些同學已經坐到快受不了了。如果我們把坐香的時間拉長，而且課程更密集，那麼參加的同學就必須先通過初級禪坐班，還要學中級禪坐班，以及禪一、禪二等精進共修，並且自己在家裡也要用功，每天都要禪坐，工夫練好了才能進來。

禪宗強調見地，而非理論

相對於現在，過往禪堂不需要講授具體的方法，也不強調理論和觀念，因為禪宗強調的是見地，重視的是修行者的見地和觀念，而非理論的建立。所以三祖僧璨在〈信心銘〉中提醒我們，「毫釐之差」就會導致「天地懸隔」，觀念不正確是不行的，因此見地非常重要，而見地的建立需要在禪堂裡完成，這個過程則有賴於修行者平時的用功。

這就是為什麼有些禪師與自己的老師互動，僅僅兩句話就能有所體驗與收穫，而願意跟隨在老師身邊修行十年、二十年，甚至數十年之久，儘管這些情形在公案中並沒有直接顯現。

許多禪修人喜歡講公案，公案本身並沒有問題，但在閱讀時，往往不了解其真實背景，不知道這些禪師們平時是如何地用功，他們可能已經積累了十年、二十年的功力，仍不斷地修行。以近代虛雲老和尚為例，他在高旻寺打禪七開悟時已五十多歲，他二十歲出家，出家後便一直修行。早期因為沒有老師指導，他甚至曾修過外道的苦行，修得像鬼一樣，讓人看了就害怕。後來他遇到一位天台宗的禪師，問他是人還是鬼，並叮囑他清理乾淨、換上新衣服，從那時開始他才真正開始修禪參話頭，並數次朝拜五台山，多次差點喪命。後來他去高旻寺時，跌落水中，生了大病，仍不願休息。即使人們請他擔任執事，他也不肯放棄修行，甚至有病不告訴他人，依然進了禪堂。我們不能只看到他被熱水燙到手開悟的一瞬間，那只是一個公案，看到這則公案可能覺得奇特、有趣，但我們不能模仿，因為假如沒有他之前三十年的修行功力，即使燙到手脫皮了，也不可能開悟的。

禪修者一定要明確地了解這些觀念，認知到我們所看到的資訊、資料，以及所得到的教導，可能並不夠深入，必須真正深入地了解整個過程，才不會落入誤區。

中國禪宗得以興盛，六祖惠能大師被視為極其重要的轉折點。《六祖壇經》的重要性，在於將當時的禪宗思想、中國佛教的完整思想與修行方法化繁為簡，並提出了核心的觀念，也就是有觀念的方法，或者是有方法的觀念，這其實就是定慧一體的默照。

「但莫憎愛，洞然明白」既是觀念，也是方法，但這個方法不是實際可行的，而是在用功時必須具備的觀念。如果觀念稍有偏差，缺乏前導的理為依據，就可能走向錯誤的方向。因此，在修行時，了解如何運用觀念至關重要，而且觀念必須建立在實際修行的基礎上。在我們還無法直接以觀念做為方法之時，實際修行的基礎，必須先回到有分別的境界，即「見山是山」的狀態，運用實際的方法來練習、用功。這就是為什麼現代的禪堂中，老師們會講解大量的方法，建立系統與學習的次第，讓我們知道如何用功。所謂用功，必須要實際運作，再輔以觀念的引導，最後，當觀念獲得印證，觀念就能成為實際的方法，並且透過日常生活的實際運作，體會到「但莫憎愛，洞然明白」的道理。

由上述的過程可知，「見山是山」這個層次非常重要。即使我們具備觀念，期望將觀念轉化為修行的方法，但在實際運用前，仍然必須回歸實際的修行方法。通過有次序、有系統地學習這些方法，來逐漸貼近觀念。透過不斷地修學，我們就能逐步貼近觀念，並體會到何謂默照。當我們的心，能夠真正做到「但莫憎愛，洞然明白」，並應用到日常生活中時，觀念與方法便能融為一體。這時，我們才能真正地在禪法上有所體會。

因此，當我們要開始努力修行，首先必須清楚知道用功的重點在哪裡。否則，我們可能會陷入一種幻想，期望通過某些特殊的方法或奇特的行為來達到開悟。有些修行者可能希望尋找到一位老師，期望他能夠以一些特殊的方法來啟發自己，甚至有些人希望老師的行為略顯暴力，認為這才是古代禪師應有的風格；如果老師沒有施加暴力，反而請他喝杯茶，他可能還認為這位老師沒本領，才沒有用上特殊的方法打他兩下。當然，這種想法很可能是錯誤的。我們看到那些施加暴力的老師，假如學生真的因此開悟了，值得嗎？值得，但如果老師亂踢人，被踢了後學生也沒開悟，那們對師生雙方來說，這樣的作為都不值得。

自依止，法依止

修行必須清楚了解整體的因緣，通過了解這些因果關係，再回到自己身上，選擇適合自己的修行方法。每位修行者都是獨自在用功，所謂「自依止，法依止」，佛也告訴我們，沒有人是我們可以依靠的，只有佛法可以；即便如此，真正用功修行之時，則完全是「自依止」。了解了這一點後，就應該再次反觀自己，選擇相應的修行方法，好好地用功。只要我們用功，並擁有適當的條件，待因緣具足時，得到的果報必然是自受用的。

所以，我們一定要有很明確的修行觀念，如此一來，修行路上走的才是正道，而不會走上旁支或偏門，或希望能盡快得到各種受用。要放下種種不正確的修行觀念，不要落入誤區，這才是正確的禪修之路。

〈第六講〉

真正的信

沒有分別心、沒有憎愛、洞然明白，都是非常重要的禪修觀念，而且可以成為方法。

禪修觀念也是方法

一般來說，方法會讓人聯想到一些技術性、有次第的運作方式，禪宗則提出了一些很重要的觀念，這些觀念有理論基礎，表面上似乎缺乏明確的操作步驟，但它們本身卻可以成為方法。

聖嚴師父曾說默照是「沒有方法的方法」，那麼這也是一種方法嗎？它可以被視為一種觀念或理論的建設；如果說它不是方法，但當我們在實踐時，又必須回到這個核心觀念。因此，它雖然沒有具體的方法，但正因為如此，任何能幫助我們做到「但莫憎愛，洞然明白」的方式，都可以稱之為方法。因此，這個觀念可以轉化為方法。儘管我們在這個觀念中看不到具體的操作步驟，但在使用方法時，卻又必須回到這個核心觀念。

禪宗並沒有一種異軍突起、具有奇效的特殊方法，有些人誤以為只要抓住禪宗看似特殊的方法，就能解決所有問題，但實際上，如果要具體運作這些方法，還是需要回到分別的次第、層次，有系統地運作。

由於禪宗非常重視見地和觀念，所以這些知見和正見，得以被直接轉化為方法。因此，在方法運作的過程中，它既是一種方法，也是指導方法的觀念，這種情況在禪宗中是非常重要的。因此，三祖告訴我們「但莫憎愛，洞然明白」，這既是觀念，也是一種方法的運作。

心的本然性功能

禪宗發展到後期，尤其是六祖惠能大師的《壇經》出現時，提到「定慧體一不二」，對照三祖的「但莫憎愛，洞然明白」，實際上無瞋、無貪就是定，洞然明白則是無癡。無貪、無瞋、無癡構成了三善根，對應於三毒根：貪、瞋、癡，而三善根正是心本然性的功能運作。

心何以如此運作？因為至道的運作方式就是這麼簡單，無需添加任何多餘的東西。添加的東西多數是貪和瞋，而這兩者的根本是癡，也就是無明。無明會產生愛染，愛染中必然含有貪和瞋的煩惱。因此，至道的運作是依照心的本然性功能，非常簡單。禪宗在發展到鼎盛時期，它的修行方式就是這樣的一種情況。

我們知道，「禪」這個字最初是借用來翻譯，在佛教傳入中國後，禪字經過了佛化，才開始廣為流行和應用。首先，它被視為修定的一種法門。在六度中，禪定波羅蜜是其中一度，而在修行過程中，戒、定、慧三學是不可或缺的，所以需要加上般若波羅蜜，由此可見，定和慧、止和觀，實是修行的核心。

空是佛法最核心的思想

當禪宗廣泛使用禪字，甚至把這個宗派稱為禪宗，體現的正是六祖惠能大師所說的「定慧體一不二」，而以禪字來闡述這種境界，或者這樣的一種心理功能。要深徹理解這種心理上本然性的作用與功能，必須回到佛法最核心的思想，可以稱為

「至道」，也可說是「禪」，或曰「空」。

空是佛法中最深奧、最核心的思想之一，此觀念源自早期佛教的「三法印」：無常、無我、涅槃寂靜，並在大乘佛教中被統一為「空」。

一如修行戒、定、慧，或者定和慧，禪宗用「禪」來將其涵攝和融合，以一個字來概括，這也是中國佛教的特色之一。中國文化中有一種「好簡」的傳統，喜歡簡單。這種簡單的表達方式，往往蘊含著豐富的內容。例如，一個字可以有很多解釋，比如「道」字，佛教用它來做為翻譯或理論的說明。看似簡單的「道」字，實際上包含了豐富的內涵，可以從多方面解釋，這是中國文字的特色。

我們用「空」字涵攝佛法的核心，但在談論空時，不能僅僅停留在空字本身。如果只談空，可能會讓人誤以為空是一個特定的境界。很多學習佛法或修禪者，認為佛法講的就是空，他們修禪就是要悟到這個空，這種觀念雖然基本上是正確的，但他們的認識過於表層，誤以為空是一個具體存在的境界，需要透過修行去證得。

這也反映了世間的相對相，很容易建立一些觀念，並試圖去印證它們。因此，《大智度論》提到的「入畢竟空」和「出畢竟空」，很多人都誤以為此所謂「空」

是一個境界，需要進入和離開。很多人打坐時，就想著要入空，想著想著就以為進入了空的境界：「空了，什麼都沒有了，我開悟了！」這種誤解在禪修中很常見。所以小參時，經常有人說他已經證空，然後講述一堆空的狀態，希望老師為他們印可。可是聽了之後，會發現他們說的大多是從別人那裡聽來的理論，或是用相對的語言傳達出來的觀念，這些都是表面的理解，是從文字裡得來的認知。我們要明白，佛法的核心雖然是空，但它並非平白無故而來，其建設有著重要的理論依據，這個法則就是緣起。

萬法不離緣起法則

緣起是佛法最核心的思想，從外在的事相來理解它會比較容易，因為緣起即是因緣所生起的現象。我們現在看到的所有現象，都是因緣所生，因緣生必會因緣滅，也就是所謂的「諸法因緣生，諸法因緣滅」，這是佛陀說法時，最直白的教義。有些佛陀的弟子一聽了這句話後，立即開悟，因為這句話已經揭示了佛法要義，即佛陀覺悟宇宙法界真理的核心。我們也經常拿這句話來講解，但講來講去，仍停留在文字和理論層面。我們或許能解釋這句話，但並不會因為聽到這句話就開悟；而這些大弟子們聽到這句話，便能直透最核心的佛法真理，因而開悟。

事實上，所有的科學在研究過程中，不管使用何種方法來證明其理論，整個過程的運作都不能離開緣起法則。無論是最先進的科學，還是最基礎的研究，一定都是因緣生、因緣滅的過程。這個法則是最核心的，也是至簡的道理。對聽得懂的人來說，至道無難，他們一聽就能覺悟；然而，對我們來說，至道很難，因為即使聽了很多遍，也很難真正領悟，甚至還很容易因誤解而落入誤區。

佛陀剛開始講述緣起時，是從世間的因果和出世間的因果來談的，即所謂苦、集、滅、道的四聖諦。從世間的因果到出世間的因果，出世間的因果必須建立在世間的因果之上。這就像我們以「見山是山」為基礎——世間的因果，而要達到「見山不是山」的境界——出世間的因果，則必須建立在世間因果的基礎上。在認知上必須這樣建立，否則很難明白因果的道理。

禪宗有個野狐禪的公案，有個老人經常聽百丈懷海禪師說法，百丈禪師問他是何人。老人說他其實是一隻野狐，因過去生身為修行人時曾有人問他：「修行人落不落因果？」他回答：「不落因果。」他以為不落因果，就是「見山不是山」的境界，實則是「見山不知山」，反而陷入了錯誤的理解。老人因為給了錯誤的知見，而五百世墮野狐身，於是來請百丈禪師為他說法。百丈禪師給他一句轉語：「不昧因果。」「昧」是覆蓋、昏昧、不清楚的意思，「不昧」則是清楚地知道因果。由於這句轉語，老人終得以解脫野狐身。

因此，不落因果又稱為「野狐禪」，意指因錯誤的知見，而墮入野狐的畜生道。由此可知，因果觀念非常重要，修行人必須非常清楚地了解它，此外，緣起的概念涉及到世間和出世間，對此務必要能掌握。

如上所述，緣起，是從依世間，再到出世間，而世間的因果則依業為中心。我們為什麼會遭遇苦？因為造業；業是怎麼造的？因為迷惑。所謂「惑、業、苦」，迷惑造業，業招感苦，再迷惑造業，苦又加深。這樣的緣起稱為「業感緣起」，這是佛法最核心的部分。

與明相應，不再輪迴

佛陀當時的教導，包括部派佛教，即所謂的原始佛教教學，都是以世間因果為核心，再從這個核心，進一步提昇到出世間的因果。如要滅苦，並非是滅苦的本身，而是要滅業。業是一種造作，那麼引生業的根源是什麼呢？就是我們的惑。因此，無明緣行，隨之所有問題便出現了；只要無明滅，後面的一切便都滅了。

無明緣行這樣的世間因果，即十二因緣的流轉，我們必須看清楚。了解之後，就會明白修行時需要轉無明為明。然而，無明已經成為我們內在意識的一種功能，要直接滅除並不容易，再加上現實生活中，有種種外在情境讓五根接觸五塵，都很容易讓無明這種內在意識直接運作起來。如果在根、境、識和合產生「觸」的當下，能夠做到「但莫憎愛，洞然明白」，那就是明相應的觸；反之，如果觸依然是無明相應，那麼觸後便會產生受，受便會生愛，愛就會取，取就會有。

觸、受、愛、取、有的過程一旦開始，便會帶來生、老死的輪迴。由此可知，無明緣行是因為我們的觸是無明的，換言之，觸中已經加入了內心長期的習氣和煩惱，反映出來的，就是在迷惑、無明與愛染狀態下的行動。由此，無明緣行，行緣識，再由識結合感官發展出觸、受、愛、取、有，便形成了輪迴的造作，這個造作留下了後續的力量，導致生、老死的輪迴。

明白了這些道理，並理解惑、業、苦的輪迴，在十二緣起支的運作過程後，我們的一切造作，就要與明相應，而非與無明相應。透過不斷用方法，結合如「但莫憎愛，洞然明白」等重要觀念，讓本然無貪、無瞋、無癡的心，與行、觸相應，就能使無明滅。如此一來，觸與明相應，就不再有愛、取、有、生、老死的輪迴。

修行的重點，在於明白世間和出世間的因果輪迴。出世間指的是還滅，不再流轉。十二因緣包含流轉門和還滅門，需從四聖諦去理解。在討論緣起時，則是從業感的角度，直接從身心切入。四聖諦首先講的是苦，因為這是我們業力招感的結果。通過這個結果，讓人知道為什麼要修行，以及如何修行。

修行的目的是滅苦，但苦已經是一個果報，果報是不能滅的。我們要滅的是導致果報的因，也就是無明和迷惑，因為迷惑才會造作，以致招感果報。明白這點即可知惑滅了，就不會造業，也不會招感果報，從而不會有輪迴。

我們是從惑的業感來觀察苦，佛陀說法時，也是從現實生活切入，以此點醒眾生。因此，我們修行要深入了解業感的緣起和世間因果的運作方式。如要滅苦，需滅除導致苦的因，也就是四聖諦的集諦；苦滅了，寂滅為樂，即脫離所有的苦，達到涅槃究竟之樂。滅除了迷惑，即可得涅槃之果，而這要通過修道來達成。道包括三十七道品，乃至大乘佛教的六度等，這些都是為了達成涅槃之果，所建設起來的一套套既清晰且完整的系統。

直接滅除無明

佛陀說法時，常常是直接從現實之苦切入，因此許多人不理解，以為佛陀所說的人生是消極的。其實，佛陀是在告訴我們生命的實相，是業感所顯現的果報。後續佛陀再解釋，業是由迷惑所招感，形成集諦，所以要滅苦，就必須透過修行來滅集。

佛陀對大部分弟子都是如此說法，但有些弟子本來就很清楚這些道理，他們更關心的是如何直接滅除無明。所謂流轉門是無明緣行，一路緣下去，便形成了十二因緣的流轉。至於觀緣起，則是從老死觀起。從業感緣起的角度觀之，老死是因為有生，生是因為有愛取，而愛取是由感受、情緒所引發，感受則源於觸。這樣回頭看，輪迴的原動力就是無明。因此，要還滅，就是要滅無明，無明滅，則一切皆滅。

這些直接從無明下手的弟子，因其根器更為敏銳，所以不需要觀察老死，便能直接體會到一切問題皆源於無明。這些利根弟子稱為「辟支佛」或「緣覺」，他們假如生在沒有佛的時代，則稱為「獨覺」，因為他們能自己覺悟並解脫生死；假如生在有佛的時代，他們便得以聽聞十二緣起的道理，契入佛說法的核心「諸法因緣生，諸法因緣滅」，從而滅除無明。

聲聞弟子是通過聽聞佛說法的音聲而覺悟，他們從理解世間因果開始修行，最終證得出世間的果位，而每位弟子依其程度不同，對聲聞的體會也有深有淺。另一方面，在佛陀的弟子中，大迦葉尊者被認為是獨覺或緣覺，因為他能夠獨自修行，甚至在沒有遇到佛的情況下也能覺悟並解脫，這是因為他擁有獨覺的根器，能觀察無明，並直接斷除無明。因此，相較於大部分弟子必須先觀察外在現象，從生死中感受苦，再進一步了解業感的過程，他們的修行則是直接進入內心的觀照。

例如，中國禪宗二祖慧可問「心不安」的問題，這其實是一個最內在的問題，表示慧可正因對生命的疑情而不安，這個苦其實就是無明。因此，達摩祖師只叫慧可「將心來，與汝安」，要他把這個不安的心拿出來，幫他安心。慧可當即發現心不可得，原來根本沒有心不安這回事，因為心不安也是因緣生、因緣滅，是空的，慧可便當下開悟。

大部分的學佛人是先從外在開始，觀察生死、感受苦，然後理解業感的過程；而利根者則直接進入內心。例如禪宗的禪師們，他們悟道不依靠特殊方法，甚至有些禪師看似沒有用上什麼修行方法就開悟了，這是由於他們根器深厚，能夠直接觀照內心使然；至於根器比較淺的我們，就要老老實實從最基本的工夫修起。

聖嚴師父當年禪修時，雖然沒有老師指導，到日本後還去打七，但在此之前，他通過自己本身的修行，已經有很多疑情，並學習了默照的方法。我跟隨師父學禪，初次學到方法便非常歡喜，迫不急待想要教人，但其實當時學得很表層。之後，繼續跟隨師父學習，對師父的善巧有了更深的體會，日後教學時，我的感受自然也有所不同了。

教學的許多內容，不僅是外在的，還包括各種內心的體會。我們雖然閱讀了許多經典與祖師大德的著作，但在教學的過程會發現，許多事要從內心去理解和體悟，這樣在講學時，才能夠分享自己的心得。這也是師父教學的核心，師父經常在教學中，分享他內在的體會。

建立完整的佛法教學系統

學習佛法的過程，存在不同的層次，因此需要建立一個次第和系統，引導人們學習。智者大師曾說優秀的老師一見到學生，就清楚他的根基，並能直接給予合適的教學；然而，這樣高明的老師並不多，佛陀是其中之一。歷代的許多禪師也具有這種敏銳的眼光，能夠迅速了解弟子的根器。

佛陀不僅具備這樣的能力，同時由於他接觸的弟子眾多，每位弟子都需要不同的教法，佛教因而建立起完整的教學系統。要注意的是，佛陀並非在說法之初，即建立好了整個系統，他雖是觀機逗教，了解每位弟子的根基，但在說法的過程中，他會根據不同人的需要，講述與其相應的教法。

後來的論師們，他們的責任就是將佛陀教過的內容系統化，並建立一套完整的教學體系，這樣的老師被稱為第二高明的老師，他們能夠建立起完整的系統與清晰的次第，使學習者有所依據並可逐步用功修行。歷代有許多論師都致力於這項工作，而在後期大乘佛教出現後，有些論師則進一步發展出更深廣的佛法教學。聖嚴師父早期的教學，也同樣是觀機逗教，隨著他接觸的弟子愈來愈多，加上對歷代祖師大德的學習與自身的體會，便逐漸將教學的系統和次第建立起來。

緣起是佛法的核心，隨著佛教的蓬勃發展，有些人便從不同角度來解釋緣起。例如，對聲聞乘的弟子來說，業感緣起是主要的理解方式；對緣覺乘的弟子來說，觀無明為首的十二因緣，則能讓他們更直接地覺悟。

尤其到了大乘佛教時期，出現了中觀的性空緣起，和唯識學的賴耶緣起，這些都是從不同角度解釋緣起的道理。佛教東傳後，印度的中觀性空緣起、唯識賴耶緣起，以及如來藏的真如緣起皆傳入中土，之後，漢傳佛教的天台宗講性具緣起，華嚴宗講法界緣起，這些都是依據緣起說而建立的理論。

信緣起、信因果，解脫煩惱

緣起是佛法最重要的法則和核心思想，學佛必定要了解。如果你對緣起和因果的信仰達到十分，其實就已經解脫了。你可以反省一下對自己的信仰，究竟信得有幾分？在現實中，很多人可能只信了一分，如果你能達到三分、五分，那已經算及格了。

至於菩薩道的修行者，之所以能信心不再退轉，那是因為他們信因果的程度，已達到了十分。我們現在還會退轉，是因為面對現實生活中，往往難以處理的人事問題。人事問題會讓人心生煩惱，有些人甚至感到委屈，覺得別人對不起自己。如果你有這樣的心理，就說明你對緣起的信仰還不夠深。如果你真的信緣起、信因果，這種煩惱是不會生起來的，因為你知道一切都是因緣生、因緣滅，是無常、無我的，是空的；如果你的信心不足，就容易被種種問題干擾。

如果你打坐常常出問題起煩惱，甚至因而想離開禪堂回家，那就是信心不足，才會為了一點小事，就感到委屈、煩惱。學佛難道是為了某個人嗎？你覺得這個人帶給你煩惱就不再學佛了嗎？如果你修禪能了解緣起，也真正相信因果，會發現這些問題，其實根本不存在。

我們所有的行為造作，所做的各種弘法利生事業，並非為了特定某一人，而是為了僧團，為了佛法，為了弘揚三寶。然而，在此過程中，許多人動不動就起重重煩惱，覺得這個人看自己不順眼，那個人對自己有意見，總覺得別人都在針對自己，卻不自我反省，沒有認識到一切都是因緣所生法。人與人之間的互動，為何某某人總是針對你？為什麼他只針對你，而不針對別人呢？這可能與你和他之間的怨仇有關。三世輪迴的因緣故事告訴我們，或許在過去的某一世，你與他有未了的緣分，所以他在這一世仍然不放過你。你要接受這一點，因為這是因果，用世俗的說法來解釋，就是你欠他的。

有人說孩子是來討債的，其實這也是因果。如果你信因果，所有人事對你來說都不是問題。無常、無我、空，這些都是佛法的核心思想，還需要再加什麼東西進去呢？信不信由你，假如你不信這些，給你再好的環境，或是對你再好，你也不會感到滿意。比如職場上，你可能覺得上司什麼都不讓你做，好像是看不起你，又像是害怕你的工作能力比他強，所以要把你邊緣化。可是，如果上司看中你，給你更多工作，你又會抱怨為什麼只有你一個人做得這麼辛苦，別人都很空閒。換句話說，當上司讓你空閒些，你就會看到別人都在忙碌；如果讓你忙碌，你又只看到別人都很空閒，而看不到他們的辛苦。其實，無論是忙是閒，來來去去都是自己的問題。

現今社會環境很開放，可以來去自由，讓人說來就來，說走就走，也因此較難覺察到信心不足的問題。因此，你還是可以說自己信因果，你也確實並非完全不信，只是這個信心分數實在太少了！一旦遇到關鍵時刻，你的信心很可能根本提不起來，甚至退失不見了。

真正的高僧大德，他們之所以能堅持修行，是因為他們信因果信得非常堅定。聖嚴師父的求學過程，以及在美國弘法，皆經歷了許多艱辛，為什麼他從未退心？

因此，我們要信因果，要了解其核心思想，並在修行中去印證它。只有信了，才能印證你的心，確保你的信心不二。

緣起性空

緣起做為佛法的核心，在大乘佛教中，無論如何講緣起，基本上都會談及「緣起性空」。緣起的本性是空，這個道理我們很容易接受，而空是怎麼來的呢？空依緣起。由此可知，緣起非常重要，只有了解了緣起，才能真正明白什麼是空。

很多人只取空，就以為自己開悟了，這是不對的。空一定是因為緣起，它的本性才是空，所以是緣起性空。中觀在印順導師的教學中，被認為是大乘佛法最核心的思想學派，正是因為它強調緣起性空。如果沒有談到這個核心，可能就會用如來藏來解釋它，但即便是如來藏思想，明白緣起的道理還是最重要的。

緣起性空，是以無常、無我為核心來理解的。當你明白一切緣起都是在流動的，它們相互影響並且不斷變化，所以這些現象沒有實體。換句話說，正因為沒有實體，所以它們必然是流動的，而流動的東西一定沒有實體，這整個現象就用「空」字來加以描述。

「空」這個字，並不能簡單地說有或沒有。你說它沒有，緣起的現象明明存在；你說它有，它又在不斷變化，而且沒有一個固定的實體，因此你不能抓住它，說它有，佛法將這種狀態稱為「不可得」。不可得並不意味著不存在，而是說你無法抓住它的實體，然而它確實在運作。所以說無常、無我、因緣生因緣滅，雖能現出種種相，但現象本身沒有實體。大乘佛教用「空」字涵蓋這些道理，告訴我們世間所有現象的本性是空。這並不是在緣起之外，再另找一個空，而是說緣起本身的本性就是空。因此，當我們說某個東西是空，意指它緣起性空，所以本性是空。

通常我們說某個東西是空，是指裡面沒有東西；然而，當我們說一個東西的本性是空，這是指它是由各種因緣組合而成，並處在不斷流動和變化的過程中，最終必會歸於滅。因此，空並不是指不存在，而是指沒有實體，並且不斷變化，必然是無常、無我的，這就是它的本性。所以，沒有必要在緣起之外，再找一個本性，或建立一個名為空的境界，當下的現象本身就是空。

緣起的道理本身非常簡單，但你聽得明白嗎？其實要真懂，還真的很難！因此，佛陀與歷代論師們長篇累牘地講解，都是為了讓我們明白這個簡單的道理，而我們能不能很簡單地契入呢？通常很難，所以〈信心銘〉才有「至道無難，唯嫌揀擇。但莫憎愛，洞然明白」的說法，直接點明這個道理其實很簡單，可是我們往往沒聽懂，或聽了後有些明白，卻信心不足，甚或是誤解其意，又建立另外一個空的境界。很多人修行都是拚了命要進入空的境界，這都是對世間文字相的誤解，而陷入觀念的困境。

如果能明白佛陀告訴我們的這個直接、簡單的道理，就能理解一切法都是緣起性空。然而，本性空做為一切法的普遍性，可能會讓一些人以為修行用功就是為了要去印證、契入它，結果就會導致能與所的相對。

要釐清的是，在修行上，能與所當然是要建立的，但如果修行一直停留在這個層次，就會以為空是一個外在的、另有一個稱之為空的境界，這樣的結果是，無論再怎麼修行，都無法實際印證。所以重點在於，除了外在的理論建設，修行更要回到我們自身。

有情的生命體顯現出來的現象，稱為「色心緣起」。色是色法，指生理的作用；心是心法，指心理的功能。廣義的色法，還包括器世間。簡單來說，有情生命體的顯現，即是包括生理、心理與器世間和合緣起所顯現的現象。

有情之所以與其他緣起法不同，在於有情有心的功能和作用。那麼我們這個心，是否是緣起法呢？心是緣起法，所以本性也是空。既然心的本性是空，就不需要在心外再建立一個空。也就是說，心的運作呈現的就是緣起的現象，因此心的本然性即是空。

假我和無我

當我們談論「空」時，常感覺這個字眼帶有一種消極的意味；相比之下，我們平時更喜歡談論「有」、談論「樂」，喜歡談論「有我」和「恆常不變」，因為這些帶給我們積極的感覺。再者，我們從小被教育要「常常」做這個、做那個，這個「常常」和「無常」似乎完全相反。教育還告訴我們「唯我獨尊」，「我」是最重要的，做什麼事都是我、我、我。所以，一聽到「無我」，就覺得怎麼可以這麼說呢？太消極了！聽到「有」，我們就很開心，聽到「無」或「空」，就覺得太消極。同樣地，談到「樂」，大家都很開心，但說到「苦」，就不開心了。這些都是因為世間的普遍觀念所導致，以及我們透過學習累積的慣性認知使然。

然而，佛陀說法，總是說空、談苦，這是不是偏向某一邊呢？不是的。佛陀的目的，是要讓我們認清真實，因為通常消極的一面，往往更接近真實。例如，真實的狀況是苦多樂少，正因如此，人們才會一直追逐快樂。那些時常樂呵呵的人，他們根本不需要特意去找快樂；但我們苦多了，才會希望離苦得樂。

佛陀告訴我們的實相是：世間一切都在變化。如果沒有變化，我們還會在這裡嗎？我們還會是現在這個樣子嗎？如果沒有無常、沒有變化，我們恐怕連出生都沒有辦法。同樣地，如果沒有無我，我們會是現在這個樣子嗎？再換個角度思考，你能想像有一個永恆不變的「我」嗎？答案很清楚，這是不可能的事。因此，追逐「我」的那個我，是一個沒有醒覺的我；現在，佛告訴了我們實相，就是為了點醒，並促使我們思考：「我是什麼？」

所謂的「我」，有時是為了自我安慰，而稱為「假我」；但如果真正認識實相，了知「無我」是真實的情況，就會發現這有什麼好害怕的呢？人本來就是這麼一回事。同樣道理，很多人一聽到「空」，便覺得失落，好像失去了什麼。空的道理其實很簡單，用我們能見的虛空，也就是當下所處的這個空間來比喻，禪堂的這個虛空當你們進來時，虛空有增加嗎？當你們離開時，虛空有減少嗎？你們來了，空間有減少嗎？你們走了，空間有增加嗎？好像都沒有。由此可知，這虛空是不增不減的。在這個虛空裡，比如你們每天打坐，還要出坡勞動，洗地板、擦桌子，為什麼要做這些事？因為覺得環境有汙染，有灰塵需要清理。但當你們做這些事時，虛空有受影響嗎？沒有。灰塵的存在與否，對虛空有影響嗎？沒有，虛空絲毫不受影響。

相信自性清淨

從這個角度來看，即可理解虛空本身是一種本性的狀態。之所以用虛空來比喻，並不是說「空」就是虛空，只是因為空的概念比較抽象，所以就用虛空這個具體的例子來說明。如果虛空完全被霧霾覆蓋，是否意味著虛空被汙染了呢？並不是。虛空本身不會被汙染，它的本性是空，所以它的本性一定是清淨的，不會被汙染。霧霾來來去去，那是霧霾的事，與虛空無關。霧霾來了，看起來好像很髒，我們可能會想袪除汙染，讓虛空恢復清淨；但事實上，虛空本身不需要恢復清淨，因為它一直是清淨的，汙染的只是霧霾，而不是虛空。

因此，所謂本性空，就是本性清淨。用「清淨」一詞來表達，會讓人聽起來感覺更好些，這也是為什麼祖師大德們會把「空」和「清淨」聯繫在一起來說明本性。

本性空雖是一種普遍性概念，但在修行時，這個概念要回到個人。意思也就是說，我們心的本性空，因此心的本性清淨，它從來沒有被汙染過。所有顯現出來的煩惱和各種雜染現象，都不是心的本性，有朝一日，假如心清淨的本性得以發揮，那不是恢復它，也不是回歸它，因為它本來就是這樣的。

雖然你明白了這個道理，但你是否相信呢？你是否相信緣起法、緣起性空，並相信你的自性是清淨的？這一點非常重要，因為是修行的核心，一定要相信：每個眾生的心，本性都是清淨的。

至於為什麼要特別強調「自性」呢？因為修行是自依止、法依止。我們講本性時，有時會談到普及性，即一切眾生和一切法的本性；但我們現在修行要直接進入內在，所以要強調每一個眾生自己的本性，禪宗稱此為自性。

要注意的是，禪宗所謂的「自性」，與翻譯論典時所講的自性是不同的，尤其是《中觀》論典。這是中國佛教的一大特色，所有佛典用詞都要回到中文本身來解釋。舉例來說，中國佛教以「禪」字，翻譯定學中的「禪定」，這個字原本是為了翻譯使用，但後來「禪」字被佛化與中國化，轉化成為一個宗派與其核心思想，至此，「禪」字與最初的中文意思，已有所不同。

六祖提出的「自性清淨」，這是禪宗最核心的思想。我們知道自性清淨是一個非常核心的概念，但這個概念已是化繁為簡的了。先前所談的很多緣起道理，這些道理最終也都指向這一本性。

相較而言，中觀與唯識都用了大量理論來解釋一切法的本性是空、緣起性空。

這些理論闡述了同一個道理，那就是所有眾生的自性，也就是心的本性是空的、清淨的。惠能大師融會貫通這些繁瑣的理論，最終得出了一個簡單的結論：自性清淨；接著再告訴我們用功的方法：定慧一體。簡化至此，真的是「至道無難」，非常簡單。

《六祖壇經》將上述的道理，以極其簡單的方式呈現，當時的背景是修行方法已非常完善，理論體系也建設完成，重要的宗派都已建立，也因此，我們先前提到的所有緣起理論，最終都能簡化為「緣起性空」、「本性是空」，修行上也能回到每個人的心性，知道心的本性是空，是清淨的。

繞了這麼一大圈來說明什麼是空，最終是為了化繁為簡，說明一個很簡單的道理。然而，如果沒有這些理論的認知，沒有這麼多緣起理論的系統，我們就很難理解這個簡單的道理；不明白道理，只是很空洞地談緣起性空或自性清淨等各種理論，這樣信心是建立不起來的。

這就是為什麼很多人面對人事問題時，信心建立不起來，因為他們不了解緣起的道理；如果了解緣起的道理，就會明白社會現象是因緣生、因緣滅，彼此相互關聯，而非僅僅是個人的問題，如此一來，就不會因為人事問題而煩惱，或產生逃避的念頭。要知道會有逃避的念頭，就是因為信心不足；反之，如果能透徹明白道理，信心就能建立起來，很多問題將不再是問題了。

實修實證，信心不退轉

三祖的〈信心銘〉，其實就在講信的重要。至於信什麼呢？《六祖壇經》告訴我們，信的是自心清淨，信的是修行可以做到定慧一體，信的是在日常生活中，我們能將這個自性清淨的心，以直心流露的行為體現出來。

《六祖壇經》以如此簡單的觀念，完整地闡述了所有重要的理與行，讓我們知道，這不僅是一種方法，也是一個觀念，我們還能將觀念轉化為具體方法，透過用功去實證這些觀念。而一切觀念皆有其依據，這些觀念之所以能夠建立，是因為有一個核心的理——緣起，它貫通了一切道理。只有真正明白，並接受這些道理，信心才不會退轉，菩提大道才會走得順暢，否則就會跌跌撞撞、上上下下，遭遇到很多問題。

信心是這麼地重要，因此，三祖的〈信心銘〉，就要把它講個透徹。

〈第七講〉

相信方法

中國禪宗從佛法的緣起理論，提煉出「自性清淨」的觀念。這個觀念並非禪宗所獨有，在佛教的思想體系中，不同的系統其實都有提及。舉例來說，大乘佛教認為一切眾生皆有佛性，佛性本來就是清淨的，但如果在建立這個觀念時，沒有從緣起的角度來理解，就可能誤以為它與當時的某些思想是相同的；反之，理解了緣起性空，即知本性空就是清淨，因為空本身是不會被汙染的。

通過這樣的理解，便能更清楚地認識和建立對自性清淨的信心。掌握了這個核心，修行的方向和目標就會非常明確，並能運用適當的方法完成修行。當具備了自性清淨的心，它在運作時自然會達到無貪、無瞋、無癡的狀態，即沒有憎愛，洞然明白，定慧體一不二地運作。

通過修行確認信心

禪宗以「自性清淨」做為核心觀念，學習禪修者就要對此建立起信心。信心開始於聽別人的教導，通過修行，信心會愈來愈清淨，最終，我們的信會與所知的理完全融合。這樣的信將不再是一般的信，而是經過實踐後，心中毫無保留、毫無障礙地完全相信。此即修行過程中，通過方法的運作，所能達致的終極目標。

用功是應用觀念來修行，佛教的大部分弘法內容都涉及世間的因果，以及如何通過修行從世間的因果達到出世間的解脫，這些說法很多都是有相的說法，或者有一些具體的方法在運作，大家在使用這些具體方法的同時，能否理解其背後所依據的觀念呢？這是需要好好思考的問題。

佛法的內容非常豐富，包含許多對修行大有裨益的方法，但要注意的是，修行不能只依賴方法，而必須要有一個能做為核心的觀念。

在用方法時，依使用方法的不同，修行會產生不同程度的效果。大多數的修行法門，都融會了教與觀，例如天台宗強調「教觀雙美」，即教觀皆圓滿；而禪宗則將修行方法化繁為簡後，提煉出重要的核心觀念，再以這個核心觀念來指導修行。舉例來說，〈信心銘〉提出「但莫憎愛，洞然明白」，「但莫憎愛」是沒有貪瞋的心，「洞然明白」則是無癡。這句話提醒了我們，修行必須以無貪、瞋、癡的心來用功，此即所謂「洞然明白」的狀態，也就是「默照」。我們要能如此用功，才能把方法用好。

方法和觀念一體

有些人修禪會追求立竿見影的效果，但對一般人而言，方法往往不能立即見效；不過，假如你已達到「但莫憎愛，洞然明白」的境界，心能夠默照的同時，以身心統一的狀態來用功，那麼大部分的方法你一用就能用上去，這時方法對你而言，已沒有所謂固定的方法，它就是一個觀念而已。

比如說，默照就是這樣一個觀念，它並沒有一個具體的方法，但如果我們用方法時，能符合默照的觀念，方法和觀念就能一體地運作。當我們能把握好一個很簡單的核心觀念，雖然它沒有一個具體的方法告訴我們如何運作，這個核心觀念卻能讓所有能夠使用的方法，都成為了無法中的法。

然而，也因為沒有具體的方法，所以用功時，有的人可能會產生錯覺，而落入修行的誤區。因此，三祖特別提醒我們，修行要沒有揀擇、憎愛的心，也就是沒有分別心，這是用功時必須有的態度。

但是，所謂的「沒有分別心」，是處於什麼樣的狀態呢？如果這個狀態與觀念不相應，就可能只是表面看來無貪、無瞋，實則是什麼事都不關心，還誤以為自己在用功。現代有一些方法教人如何簡化生活、如何斷捨離，但如果你沒有完全了解自己的狀態，或者在應用這個「無分別心」的方法時，不能清楚地分別，無法洞然明白，結果就會差之毫釐，失之千里。「不識」和「不知」，這兩者的差異乍看雖小，影響卻非常大。

很多人想用禪法的觀念或方法來用功，卻因不能清楚地把握好觀念與方法，不但不能提昇自己，反而掉入了修行誤區。因此，具體的方法非常重要。我們不但要認識方法的重要性，同時也要把握核心的觀念，如此方能以觀念引導方法，並在用方法的同時將觀念融入其中，這樣的用功才能達到效果。

無論修學止觀法門或其他禪修方法，都有其基本原則。這個原則就是要把握好觀念，再讓心依其本然性的無貪、無瞋、無癡的善心所法來運作，此即默照。

默照是「但莫憎愛，洞然明白」，從這些字眼，你能否直接觀到心呢？如果你的身心很放鬆，一坐下來，調好了身體的姿勢，你很快就能進入默照的狀態，身心統一。

你可以檢視自己，是否能自然直透地用方法？當然，這個方法不是具體的技巧，而是身心能否在運作中體驗到觀念所指的境界，如果你能做到，便沒有問題。有些人因為身心能長期保持放鬆，老師講一些簡單的方法，他們一聽就能清楚把握原則，沒有分別心地用功，但這種「沒有分別心的用功」，狀態是很清楚的。因此，他們能夠安定、清明地運作，即所謂定慧一體地運作。

默照基本上就是這樣練習和運作，它沒有具體方法，只是一個重要的觀念，即「但莫憎愛，洞然明白」；可是很多人在練習默照時，會邊打坐邊想著「這是默，這是照」，念頭動來動去，想到最後還以為自己進入了統一狀態，但那些其實都是妄念。

當你起妄念時，可能認為自己是在用觀念引導方法，實則並非如此。有些同學說自己用的方法是默照，問他們怎麼用的，卻講不出具體的方法，只能說默照就是默照，甚至說默照不是話頭，但話頭其實也可以是默照，默照也可以是話頭，混在一起談也可以……，講到後來，連講的人自己都搞不清楚到底什麼是默照了。

只管打坐

聖嚴師父在教禪修方法時，都會具體說明如何使用，而早期的禪師們則是用一些句子來表達，它們像具體方法，也像觀念。比如「只管打坐」，這是一個方法嗎？它看似一個方法，但也是一個觀念。那你能用嗎？當然可以，但需要清楚「只管打坐」的意思，就是在打坐時，身心都在打坐，沒有其他雜念，只有身心統一在打坐。

你在打坐時，是只管打坐，還是管了很多其他的事？你真的是只管打坐嗎？其實很多人打坐，不僅管現在，還管過去和未來，甚至連旁邊同學下課後要做什麼都要管。像這樣子的打坐，根本不是「只管打坐」。那該如何讓自己只管打坐呢？它也可以是一個具體的方法，就是讓心能完全進入打坐的狀態，整個身心都在打坐。

打坐是誰？打坐就是打坐了，還有誰？當你加上太多東西，就會冒出許多念頭，這樣你是否還在方法和觀念裡呢？通常不是。默照的方法非常直接，看似很有效，但如果你管的事太多，這方法就無法發揮最大作用，所以要直接投入，進入觀念所指的默照狀態，讓方法的效用通過你的身心完全顯現出來。如果你能做到一進禪堂打坐就只管打坐，那麼你就用這方法；但如果你管的事太多，就要先處理一下，否則打坐反而成了管事的工具，那就無法進入狀態了。

我們在應用只管打坐的方法時，要清楚知道自己如果無法直接使用的話，就需要先用一些前方便的方法來運作。我們一開始直接用這個方法的時候，它是直透的，假如你做不到的話，如何讓自己的身心處在默和照同時的狀態呢？有一些方法可以運用，例如，聖嚴師父教導我們可以先覺照身體，將身根做為所緣的對象，此時能與所的作用要很清楚。如果能緣的心無法直接統一，不能在打坐時只管打坐，那就需要回到身心有分別、相對的狀態。既然有分別，就有許多不同的方法可以進入默照，所以默照雖然沒有固定的方法，但是任何能幫助我們運用這個觀念來用功的方法，都可以稱為方法。

運用所緣境收心

歷代老師都有不同的教法，最初這些方法分為止和觀，止觀的方法在運作上，與默照的方法有些共同點，但也有不同之處。如果是通過比較傳統的止觀方法，需要先觀察心的動態，以從中分別出各種動念的作用。

心的動態很容易在現實生活中觀察，因為日常生活中，我們經常接觸到外在的境界，經歷不同的緣境。心做為內在的中樞作用，會通過五根接觸五塵，再將訊息傳回意識，心在過程中會起很多念頭，而難以安定，當心無法只管一事，就會分心。如何讓心能夠安定、收攝，安止在一個境呢？這個境即是我們禪修設定的所緣境，目的是幫助我們把心收回來，讓心安定。

禪法有很多不同的所緣境，方法不同，所緣境也不同；然而相同的是，用方法時，心是處在有分別的狀態，我們無法不面對。在此狀態下，最明顯的一點是，心本身的「知」的功能一直在運作，所以當心接觸外境時，不會是一種癡或完全不知的狀態，而是知道的。這個「知」是正常的心理功能，我們不能把它蓋住了，然後說：「我的心靜下來了。」而是要在知的同時，看到自己的心在浮動，然後用一個方法讓心安定下來。

當我們處在動態時，心比較容易通過五根攀緣五塵，當訊息進進出出時，意識的作用就會很活躍。這時，要讓心安定下來就不容易了，所以需要調心，使其安定下來。為此，我們需要運用方法，藉著一個所緣境，讓心收攝、止息。

五根緣五塵之時，心的整體功能並不會停下來，知的作用一定還在。因此，我們需要讓這個活躍的作用逐漸靜下來，讓心不再被外境影響，再慢慢地安定、收攝。所以，我們需要讓身體和五根先靜下來，減少外緣的攀附，這意味著在某種程度上，我們需要隔離外緣。我們要用靜態的方式，隔離一些動態的影響，以對治動態中容易產生的各種活躍心理。當我們隔離外緣後，身體會靜下來。五根中最活躍的即是眼根，因而要先暫時隔離眼根攀緣色塵的作用。在靜坐時，我們通常會輕輕地閉上眼睛，不讓它接觸外境，即使眼睛是睜開的，視線範圍也很有限，不會無限地擴大。

閒居靜處是修行的條件之一，所謂閒居，就是要非常閒適。你們現在有閒，才能來這裡打坐，這是一種幸福。靜處，就是在某種程度上隔離一些噪音。有些靜處不僅隔離噪音，還隔離了許多非噪音的干擾。在禪堂這裡，我們不僅隔離了車水馬龍的噪音，還隔離了美妙的音樂和好聽的聲音，暫時封閉耳根。一旦隔離了眼、耳二根，能覺察到的外緣就減少很多。

智者大師清楚地告訴我們，用功修行需要具備什麼條件，這些條件都必須設立明確，而且是在有分別的狀態下運作。但是有些人認為，既然要沒有分別心，為何還需要這些方法？於是他們放任六根隨意接觸外境，認為所有的起心動念都是禪心，這樣一定會出問題，因為他們已掉入不知的狀態。所以，方法非常重要，大家一定要先掌握好方法，再進入到靜態用功。

靜態用功一直都是禪修的核心部分。雖然懷讓禪師曾對馬祖道一禪師說「打坐不能成佛」，但他如果不打坐更不能成佛，一定要通過這個方式來修行。懷讓禪師之所以說「打坐不能成佛」，是為了破除學生的執著，他是針對道一而說，而非對我們。我們要從普遍的角度上來理解，認知靜態用功的必要性。

練習方法時，要處於靜態。但對於整天都在活動的我們來說，要讓身體靜下來，並且持續性地不受干擾，實在不容易。身體一定要放鬆，人才能靜下來，至於身體要如何放鬆呢？那就要回到身體來觀察。

七支坐法放鬆身體

歷代祖師大德，甚至佛教之外的其他領袖大師們，通過他們長期修行的經驗，發現非常有效的放鬆方法，即所謂「七支坐法」：

（一）結跏趺坐

首先要把下盤放穩，將腳盤起來，讓下盤形成一個三角形。雙盤是最穩定的坐姿，因為它能形成一個等邊三角形；如果無法雙盤，也可以選擇單盤，將一隻腳放在大腿上；如果連單盤也做不到，就把腳放在小腿上，甚至可以選擇散盤、交叉坐等其他坐法。無論採用哪種坐法，都要確保下盤形成一個穩定的三角形。

（二）背脊挺直

調整上半身的要點是脊椎要挺直，但並非完全筆直。從背後看脊椎是直的，但從側面看則略有彎曲，即背部稍微突出，腰部稍微內凹。腰部要挺直，胸部就要稍微內含，不過於挺出，保持含胸即可。

（三）雙肩平垂

肩膀平放，自然垂下，如此才能完全放鬆。如果有一天你打坐時，感覺不到自己的手臂，那就說明你已經達到真正的放鬆狀態。

（四）手結法界定印

如果腿盤的姿勢標準，手會自然放在合適的位置。結好手印，讓姆指與其他手指形成一個圓形，姆指輕輕地相抵，這個細微的觸覺可幫助集中注意力，讓心安定下來。

（五）下巴內收

頭顱靠著頸椎支撐，如果頭過於前傾，頸椎後方會感覺沉重；如果頭過於後仰，則是頸椎前方會感覺沉重。因此，要讓頭顱與頸椎保持挺直，藉著下巴內收，讓頸椎可以輕鬆地支撐頭顱，保持穩定狀態。

（六）舌抵上顎

舌頭比下顎長，假如一直壓在下顎，會碰到下排的牙齒，所以要輕輕地將舌頭放到上顎，以有更多的空間放鬆。同時，這樣做也有助於分泌口水潤喉。

（七）輕闔雙眼

目的是讓眼睛自然地放鬆下來，所以只要輕輕地閉上眼睛即可，不用過於刻意。要完全放鬆眼睛，才能好好地打坐。

「七支坐法」是讓身體最放鬆的姿勢，因為身體是由骨架支撐，這個姿勢能把骨架置於最適當的位置，即其原本應處的位置，如此身體就能自然放鬆。因此，當打坐的姿勢調整好後，要盡量保持。然而，有的人因為平常有些不良姿勢，長期累積下來導致身體的緊張，而打坐這個最放鬆的姿勢，卻非我們平時所熟悉的姿勢，身體反而會出現種種不舒服的覺受，特別是很緊繃的部位。

打坐時，如果身體出現各種不舒服、不通暢的反應是正常的。比如說，平常習慣彎腰駝背，忽然要直挺起身體坐著，自然會感到不習慣，身體不調和的狀態還有痠痛、麻痺等反應，表示身體這些部位長期以來可能都處於緪緊失調的狀態，假如有這些反應，可先看看自己能否繼續保持姿勢，如果可以的話，就盡量保持，並接受這些不舒適的觸覺。

相信因果，坦然接受

聖嚴師父的「四它」：面對它、接受它、處理它、放下它，其實就是深信因果。只要相信因果，你就能做到「四它」；如果不相信，就會在打坐腿痛的時候想要逃避，想說：「平時在家明明打坐得很好，為什麼在禪堂打坐就不行？平時身體沒問題，為什麼一打坐就不舒服？」這是因為你不接受這個事實，不接受你身體的因果。身體之所以出現不放鬆的狀態，是因為你想放鬆它，這就是因果。如果你能面對、能接受，就能繼續安心打坐；反之，就會不停調整姿勢，覺得靜坐太難。甚至認為既然「打坐不能成佛」，那麼不靜坐不是也可以用功嗎？那就換個打坐以外的方法吧！總之，打坐的基本工夫做不到，你又不接受這個因果，就會想方設法要跳過它。

如果你能接受現實問題，其實就有很多處理的方式。有些是比較消極的，比如可以對自己寬容一點，而不是嚴以待己、寬以待人，只是這樣進展就會比較慢；如果你覺得打坐時間並不長，身體的不舒適還能接受，這表示你能安住在這個放鬆的姿勢上，身體已有某種程度的調和，那麼就繼續保持姿勢不動。慢慢地，你會發現自己可以坐得更久，處於靜態的時間更長，這是用功的重要過程，表示你已能收攝心，並進一步調理身心，也就是說你已具備基本功了。

所以，這一步驟的練習，一定要清楚，不可跳過。雖然這不容易，但是只要持續練習，你一定能練習到坐得愈來愈久，而且身體能完全放鬆，不受生理干擾，至此，你就能在打坐時，更清楚地反觀內心。接下來，你的心就要借用這個放鬆的身體，持續地收攝它。

踏實練習攝心的方法

說到攝心，不同的方法，就有不同的所緣境。一般上，我們教授的是呼吸法與覺照全身的方法，它們的所緣境都是「身根」。觀呼吸也是利用身根的觸覺，一旦身體放鬆了，身根的觸覺就會更敏銳。

有的人身心很放鬆，一坐下來，心就能很收攝地觀察身體的觸覺。在觀察的同時，身心也慢慢地統一，至此就能只管打坐了；但多數人的身體不耐久坐，心的問題也很多，以致於所緣境經常跑掉，無法專注於數呼吸。這是因為心太散亂，不是被外在環境影響，就是被身體的不舒服拉走注意力，所以就找不到呼吸，不知數到哪裡了。因此要學會放下身體的不舒服，回到呼吸。

覺察身根的觸覺也是如此，要保持對身根觸覺的收攝。由於身根的觸覺範圍廣，不容易覺察到整體，很多人會用聖嚴師父教的默照前方便，也就是局部、逐步覺察的方法。但有的人在用方法時，會覺得這個部位的觸覺他知道、那個部位他也知道，這個「知道」就表示有前後，那就不是「一體」了。我們要學會直接覺察全身；如果做不到，再用師父教的局部、逐步覺察的方法。我們現階段練習方法，需要一個所緣境，是因為我們的心長期通過意識攀緣五根，吸收大量的訊息，使得意識變得非常活躍，讓我們經常受其影響。我們現在需要保持一個安定、收攝的心，乃至最終達到一心，這就需要一些方法的運作。即使我們是依觀念來使用方法，這些方法在運作時，內容仍必須具體，而這些具體的方法，皆可見於天台止觀與中國禪法的教學之中。

學習方法時，你一定要清楚修行的狀態，知道自己正在用功，明白自己還需要調整，不要太高估自己，不要想跳過幾個次第馬上得到效果。修行要立竿見影是很困難的，能做到的人，是因為他們前面所需的條件都已具足，而且根器較利，身心也一向放鬆，然而我們多數人的身心並沒有那麼放鬆，所以需要具體的方法，有系統、有次第地運作，幫助我們安定身心。

當清楚了這些觀念後，大家用功時，就能比較安心且甘心地用方法；否則，教你只管打坐，結果你還要管很多不相關的事，或是把修行目標訂得過高，結果目標達不到，反倒亂了套。

因此，修行一定要踏實，讓自己先安定在最基礎的方法上。這個方法對你接下來的用功會有很大的幫助。基本工夫需要用心練習，然後再讓觀念與方法相應、連貫，這樣在用方法時，即有觀念做為引導，能步步踏實地安心修行。

修行的條件

雖然禪宗在知見上，能給予直接、簡單且有力的提示，但並非所有人都能立即理解並實踐。

一些根機較利的人在明白了禪修理論後，就能建立見地，並直接契入禪法的核心，佛陀時代便經常可見這樣的例子。佛陀有時講法雖然非常簡單，但直接切中核心，許多弟子一聽就明白，馬上就能用上方法，並得解脫；然而，對於大多數禪修者來說，按部就班地用方法，才是最實際的。其實利根並非一蹴可幾，也是長時間慢慢地磨練出來的，必須通過累劫不斷修行，逐漸磨利了根機，方能直接且快速地領悟至簡的理。踏踏實實地修行，是所有修行人必經之路，無分利鈍。對此能確實理解後，我們再來談基本的工夫。

首先是止靜。止靜是要將心從平時粗糙、躁動，甚至散亂的狀態，逐漸收攝、回觀，慢慢地調和。在此過程中，會經歷不同的方法。一開始，心是向外的、動態的，較為粗散，要通過靜態用功，避開各種動態和外境干擾，逐漸將心收攝回來。有些人要靜下來，確實非常困難，因為心總是躁動不安，無法專注。不僅年輕人如此，許多兒童也有過動的問題，而靜不下來，這樣該如何教他們打坐呢？有些團體推廣兒童禪，然而教小朋友打坐的時間不宜太長，最好不要超過五分鐘，只要讓他們靜一下即可，因為他們無法保持安靜太久，這是很正常的現象。

有些人以為只要進到禪堂，就能解決自己的所有問題，但事實上，不僅解決不了自己的問題，反而會為別人製造更多問題。要讓自己靜下心以對治散亂，其實必須具足一些條件，否則便無法用功。

我們鼓勵學佛的人都來禪修，但能夠禪修的人不多，而可以經常打七的人更是少數。叢林中可能有幾百位住眾，但是每天都在禪堂打坐的，可能不到一百人。叢林做為佛教信仰的中心，類似人間的淨土，能讓許多心煩意亂的人一進到寺院，便達到某種程度的安心和靜心。禪堂是叢林最核心的部分，這是中國佛教的一大特色。叢林因為禪堂的存在，而能聚集禪眾用功，這是禪堂最核心和重要的功能。

能進入禪堂用功者不多，而能夠來禪修並出家者，則更是少之又少。由此可知，我們需要具備很多條件，才能進入禪堂或出家來好好用功，而這些條件都是通過實修達成的。換句話說，我們需要長期用功，經歷多生累劫不斷地修行，才能凝聚這些功德與福德，而有出家修行的因緣。

然而，當我們進入禪堂後，這些累積的修行因緣能否真正發揮作用呢？如果能夠發揮作用，就能安心用功，隨著修行的深入，效果自然會愈來愈好；但若發現效果不佳，則需要進行檢討。如果用功時，反而愈發想離開禪堂，更需要好好檢討自己的狀況。當你發現無法安住在常住裡，心裡總有一股力量想要逃離，這表示你的修行福報可能快用完了，要趕快反省，通過懺悔來調整身心，才能繼續用功。

各位即使非常用功，具備良好的條件，但修行仍會遇到許多障礙，甚至可能愈用功，障礙還愈大，這是因為隨著深入內心世界，深層的煩惱也會浮現出來，這些煩惱是多生累劫累積而成，我們雖然長期用功，但也同時長期造業，兩者的力量是同步增長的。因此，一定要堅持善的福德因緣，讓它們持續發揮作用。修行會遇到障礙，往往代表你進步了，而且還可以再進步、再突破。當你挖掘出內心長期隱藏的問題，假如被障礙擊垮，就會停滯不前，無法繼續用功。被擊垮的狀態包括不想進禪堂、離開常住，甚至對出家的生活失去信心，這通常都是內心的煩惱所致，而非外在的因緣。因此，在用功的過程中，需要不斷反省和覺察，才能持續精進。

懂得放鬆

修行除了一定要先打好基礎、把方法學好，另一個關鍵則是要懂得放鬆。當你用方法時，假如當下的心比較散亂，會為了把心收回來而用力；或是覺察不到呼吸時，也會稍稍用力以覺察呼吸。這都是一種慣性，有的事如果當下做不到，往往會投入更多的力量去達成。

例如讀書，有時候用力過猛反而無法吸收知識，因為頭腦過於緊繃時，反而無法好好思惟。所謂「學霸」，都是很會讀書的人，放輕鬆讀書，反而學得很好。放鬆不是不努力，而是懂得技巧，知道如何吸收所讀的知識，愈放鬆愈容易吸收。可是，很多學生怕自己會懈怠，所以不敢放鬆。我以前讀書時，尤其是升學考試的前幾天，大家都拚命用功，但這樣的學習，因為沒有真正理解，很快就會忘記；相反地，考試前我會把書丟開，去做一些讓自己放鬆的事，考試時反而就過關了。學習的關鍵是要能夠放鬆，不是不要用功，而是用功要自然。不斷地拚命給自己塞功課，剛開始可能有效果，但很快就會塞滿了，愈塞不進去愈緊張，愈緊張就愈塞不進去，最後整個人就崩潰了，連考場都上不了。

另外，有的同學晚上睡不好，愈想睡愈睡不著，愈睡不著就愈想睡。如果你睡不著，不妨放鬆一下，告訴自己睡不著也沒什麼大不了。睡不著有時是生理問題，但經常被當作失眠來看待，而感到緊張。如果你睡醒了就再也睡不著，有可能是因為你的身體已經休息夠了，不需要再睡，你可以起來做點事，或是打坐繼續放鬆。當你放鬆到一定程度時，可能又想睡了，這時再躺下來睡覺。假如你認為自己失眠了，而拚命想讓自己睡著，結果反倒更糟糕。因此，要把握好放鬆的態度。

打坐也是一樣，有些人方法用不上，愈用不上就愈緊張。其實找不到呼吸時，不用刻意去找，因為呼吸從來沒有離開過你，為什麼還要找呢？它一直都在，只是因為你的心太散亂、太粗糙，才會找不到，如果勉強要將散亂的心拉回呼吸上，反而會跑掉。就像頑皮的小朋友一樣，你叫他坐下來，他就是坐不下來，你不如乾脆讓他去跑，等他跑累了，自然就會坐下來休息了。當你全身都放鬆了，身體的觸覺會變得比較敏銳，而不用特意找呼吸，這時你就能用上方法了。在此過程中，保持放鬆的心態非常重要。不要感覺自己很用力，不要讓心變得很緊張，好像要抓住什麼似的。就像考試時，有的人一定要考到好的分數，考不好就受不了，其實考得好不好都沒關係，人生不只是為了考試，這一生不只是為了拿高分，我們還有很多事要做，每個人的優勢和長處都不一樣，考試不能決定人的一生。如果被考試成績限制，為此拚命努力地學習，造成身心緊繃，結果卻無法得到太大的受用，不如按照自己的能力與興趣，放鬆地學習，反而收穫更多的快樂。

用方法也是如此。我們現在練習的是基礎的方法，很多人卻在基礎階段就拚命用力，由於身心太緊繃了，最後反而不知道要如何用方法。剛開始學習要懂得放鬆，順著自己的條件和能力，隨著方法的運作有次第地用功，不急不躁，也不用力、不衝動、不拚命，在放鬆的狀態裡，將能慢慢地掌握方法。當真正用上方法時，工夫就會順利地提昇。

如果你們在用功的時候，發現坐姿調得不好，不要太用力。如果腿盤不上來，就暫時用散盤。腿要如何才能盤得好呢？平時要多拉拉筋，讓腿筋放鬆，也可以多做運動，慢慢地腿就能盤起來了。這可以在平時多加練習，不要等到打坐時，盤不上腿卻硬撐著，這樣反而容易出問題。打坐時，身體要盡量挺起來，如果挺不起來，坐得腰痠背痛也不要生氣，先放鬆一下，因為生氣是沒有幫助的，畢竟身體的狀況也不是突然變差的。假如突然間生病了，也不要因此責怪自己，而是要放鬆和安慰自己一下，讓身體得到休息，然後再繼續用功。心理上，也要給自己一些放鬆的空間，但不要因此懈怠。在休息、放鬆之後，接著就要再提起心力，繼續用功。

當面對障礙和壓力時，要懂得用方法讓自己放鬆，同時保持放鬆的態度來處理問題。慢慢地，你會發現不需要太用力，只要輕輕一提，身體就能挺起來。眼睛輕輕一閉，就能覺察到呼吸的觸覺。坐好後，審查自己的身體，覺知到整個身體安坐在此，而且身心逐漸貼近成為一體。心和身本來就應該是一體的，但我們常常會分開處理。我們用方法的原因，就是要把身心收回來，安住當下。

隨著修行的深入，有些人會對自己的身心狀態會愈加敏銳，我們要知道自我調整的方法，如果太緊繃了，就該適度放鬆，不要把自己逼得太緊。修行方法要根據自己的條件來選擇，不拘泥於固定的方式。有的人很想知道自己什麼時候可以換方法，關於這一點，其實沒有人可以給你一個確切的答案。如果有老師告訴你，數三天呼吸就可以隨息，隨息三天就可以止，這是不切實際的，因為我們的身心並不是按照計畫來運作的。

因此，有經驗的老師不會這樣指導你，而是根據你的具體情況進行個別指導。當你問老師什麼時候可以換方法時，老師可能不會直接告訴你具體的時間，而是讓你繼續修行，直到你自己感覺到可以換方法了，這個過程是自然流動的，而非機械地切割成一段一段來進行。

當你到達了某個階段，自然而然地，適合的方法就會出現，有時甚至是你在用功到某個程度時，方法自然會出現，或者你遇到合適的老師教你新的方法，這些都是隨順因緣的結果。

接受自己的現狀

我們要相信修行的方法，並且能面對和接受自己的現狀。即使修行狀態不理想，也要坦然接受，只要能夠接受，就有改變的希望。如果不願意接受而不停抱怨，反而會陷入困境。我們要喜歡自己，不要討厭自己，因為無論是喜歡或討厭的自己，全都是自己，不能只接受其中的一部分。

修行的過程中，會有各種起伏。有些人身心條件好，非常放鬆，所以修行效果顯著，這是長期修行的結果，不要羨慕別人工夫用得好，也不要與他人比較。就像考試總拿一百分的同學，我們不用羨慕他，也不用一較高低，這樣做只會傷害自己。同樣地，也不要與成績不如自己的人比較，這樣做可能會傷害別人。長期來看，每個人的發展狀態都不同，修行的重點在於內心的穩定和自我接受，而非與他人競爭。所以，不但要避免與人比較與執著得失，也不該不接受自己或產生憎愛之心。如果能把這些全都放下，回到自己的身心，就能更好地專注於修行。

其實，打坐有沒有坐好並不重要，腿盤不起來不用擔心，假如需要用椅子輔助也沒問題，重要的是盡力做到最好。即使很多方法都做不到也沒關係，只要你能好好坐著，無論什麼坐法都是可以接受的。

我們不但要學習接受自己的修行現況，也要懂得如何與各種禪眾相處。有些人用功用不上去，你看到了不用替他們煩惱，也不要覺得被他們干擾，因為是你自己的耳朵在聽，而不是別人在吵你。應該是你坐你的，我坐我的，不要被他人影響，即使鄰旁同學氣動或發生聲音，照樣如如不動，不理人就是。

用功時，不管出現什麼狀況，都要懂得將念頭轉回到用功，不受外境影響，如此一來，才能很好地安心用功，方法才能持續熟悉、深入。

保持初心

有些同學數十年如一日，每次打七都是保持差不多的狀態，沒有什麼進步，這些就是所謂的「老皮參」。老參有老參的某些慣性或弱點，所以一定要提醒自己，可以是老參，但不要做老皮參，修行不能偷懶，找漏洞讓自己懈怠。有些新學因為很多方法練習得不好，對禪堂規矩也不熟悉，他們因此更用心投入，反而更容易把方法用好。

我們要時時保持初心，每一支香或每一回打七，都應視為第一次。要將這種心態運用到每一支香上，每一支香都是新的，過去的已經過去了，未來的還沒有到來，只需專注於當下這支香。如果這支香坐得不好，不要罣礙，也不要和剛才坐得好的那支香比較，更不要擔心下一支香會坐不好，因為如果愈是擔心，愈會坐得不好。當一支香結束，我們出去放鬆後，回來禮佛，慢慢攝心。坐下後，先調整身體，把坐墊整理好，以免打坐到一半不舒服了，又不能調整，硬撐著坐下去，這樣也容易出問題。整理好坐墊後，接著放鬆身心，放下上一支香的好與不好，再重新提起用功，所以每一支香都是新的。

老參如果能保持這樣的心態，就能不斷進步，可是卻往往不太容易做到。有些學生跟著我學習了很久，他們聽開示時，常常覺得老師講的內容一樣，甚至說老師講前一句，就知道下一句要講什麼。假如是以這種心態來學習，將會停滯不前。假如老師講的不是他們以為的下一句，而是新的內容呢？這不就是一種新的學習嗎？老師講前一句，是否每次接的都是相同的下一句？不是的，無常的道理就在這裡。老師不是錄音重複播放，學生每回的身心狀態也都不同，即使是聽相同的錄音內容，每回的感受也都是不同的。

雖然課程有些是固定的內容，但你每回聽，其中的細微處可能就會因你當時的狀態，而有不同的體會。下一回再聽同樣的內容，又可能有新的領悟。所以，這是重複嗎？你如果視為重複，就會陷入了一種輪迴；反之，每回聽開示，即使聽的是相同的錄音開示，但只要你用心聽，就像讀書一樣，好書不厭百回讀，那麼每回聽，你都能聽出新的體會和領悟。

如果能以這種態度來學習，你的每一支香，都能投入整個身心，只管打坐、只管用功，前一支香無論好壞都能放下。順應因緣，只管用功，相信你每一支香都能坐得很好。

新參可能比較容易保持初參的狀態，每一支香都有一些新鮮感和好奇心；老參則因為習慣成自然，長期處在輪迴中，反而失去這種警覺心。不過，這並非是絕對的。我們發現有些新同學來到禪堂，也會覺得每一支香都差不多，甚至還沒開始打坐就預期自己的腿會痛，或知道哪個部位會痛，而先產生煩惱。請記住，每一支香都是唯一的，都是當下的因緣。如此一來，你會發現每次練習方法，都更容易與之相應，身心也更加放鬆。方法只在當下的這一次，過去的已經過去了，放下它；未來的還沒來，不理它。至於當下的狀態，無論好壞，都要安忍，坐得不錯就順著因緣走；如果坐得不好，忍不下去了，可以起來動一動，徵求允許後，不妨拜拜佛或經行一下來調整。但如果還能坐，那就放鬆身心地坐著，即使沒有用方法也無妨，只管順著這支香的因緣繼續坐下去，直至這支香結束。

打坐只要面對自己

每一次用功，都是只管用功，都是以很放鬆的態度來面對自己。打坐不是面對別人，而是面對自己，並且是最直接面對自我的時刻。這個自我可能是我們平時不敢碰觸的深層部分，打坐讓我們有機會面對並接受它，因為此時我們已相信了因果。

大家學習了緣起法，知道因果的道理，就要接受這個道理。如果不能接受因果，修行就無法進行下去，因為這是佛法最核心的觀念，修行的目標就是要通過緣起法，印證自心清淨。了解了這一點，大家在練習方法時，就能把握好正確的心態。

〈第八講〉

實修印證基本工

我們之前談了許多重要的觀念，現在要進入實際用功時具體方法的練習，以此來驗證和確定我們所相信的觀念和核心思想的準確性。這是一個親自印證的過程，唯有通過實際操作方法，方可達成實修實證。

禪修方法有的很具體，有的則須與觀念結合。大家在此參與禪修課程，當然就是在具體地用功和練習方法，然而，更重要的是，要能將這些方法融入到日常生活中，真正做到能在平時應用。

禪宗的叢林裡，禪堂不會刻意教導具體方法，因為進入禪堂的禪眾來自四面八方，各自有不同的學習背景，禪堂裡不會統一教學，或從初級課程開始指導，因而我們在公案和相關資料很少看到禪堂內教方法的記錄。甚至有公案提到開悟不一定需要打坐，正因如此，許多人誤解禪宗沒有方法或不注重方法。我們看到有些開悟的禪師，似乎隨時隨地都能開悟，彷彿不需要修行就能開悟，這就讓人以為禪宗沒有次第和系統，但實際情況並非如此。

禪宗系統將方法化繁為簡

禪宗發展到後期，已經非常能代表中國佛教特色了，甚至有人認為中國佛教就是禪宗。除了禪宗，另一個較為實際的用功方法是淨土宗。淨土宗主要是通過念佛和發願往生來修行。然而，有些弘揚淨土法門的人不太重視理論或經典，只是一味強調要念佛，甚至將經典的「十念念佛」由念頭的的「念」轉成口唸的「唸」，好像只要念了十聲佛號或每天做十念功課，就可以往生淨土。當然，這並不表示所有弘揚淨土法門者皆是如此，但有些弘揚者為了遷就眾生，便將這個法門淺化了。

這種淺化對佛法的普及確實有幫助，只要是中國佛教的佛教徒或受到影響的人，見面時都會互說「阿彌陀佛」為問候語。阿彌陀佛因而為大眾普遍所知，即使是沒有學佛的人也認識阿彌陀佛，但可能對釋迦牟尼佛反而了解不多。淨土法門的普及讓很多人接觸到了佛教，雖然也有淨土宗的祖師大德在修行上非常深入，但普遍感覺淨土宗的方法是以較淺的方式來接引眾生。

淨土宗的方法有其代表性，但人們普遍更認為禪宗代表了中國佛教。然而，禪宗留下的資料，往往沒有提到具體的方法，導致有些人認為中國禪法沒有系統和次第，他們看到的是禪宗的某一面向，而非整體的中國佛教與中國禪法，因此，我們需要回歸到中國佛教發展的脈絡。

禪宗出現在中國佛教已經基本完成理論和實踐方法的系統後，再用一種化繁為簡的方法來簡化這些系統，以發揮最直接的效果，但這需要非常深厚的佛教理論為基礎。當時，大多數人都有佛法的觀念，在禪宗的資料中，經常可見一些看似平凡無奇的人物，實則個個是高手，例如給德山宣鑒禪師出考題的老婆婆。許多禪師遇到這些平凡人都無法應對，由此可見當時不管是佛法還是禪法都已經非常普及，深入民間。我們還看到許多在家居士，包括一些詩人、藝術家，他們與佛教和禪宗都有著密切關係。從當時的情況來看，佛教的底蘊非常深厚，禪宗便是在這樣的基礎上，凸顯出其獨特性。但也因此，許多人誤以為禪的方法特別，能加速開悟過程，因為他們看到的禪師似乎隨時隨地都能開悟，彷彿不需要修行。事實上，這些禪師很多時候並沒有詳細談到他們的修行過程，而公案只是某一過程的記錄，沒有完整的資料。在叢林中，似乎禪眾只是在搬柴運水時，很容易就能突發地、直接地開悟，但事實上當然不是這樣。我們需要對這些案例有整體性的了解，找到悟道的根基，然後回到自身用功，才不會因誤解而走入誤區。

會走入誤區的人，往往以為自己已經袪除了所謂的分別心，但卻不知道這種分別心是必須建立的，才不會掉入無記的狀態。一旦了解這一點，就會知道禪宗的禪法是有基礎、有系統，而且有次第的，所以要回到實際用功的方法上。

當中國佛教體系完成時，天台宗和華嚴宗屬於中國系統的佛教，而三論宗和唯識宗則偏向印度系統。雖然三論宗和唯識宗的傳承較少，而天台宗和華嚴宗則非常普及，但是研究佛法的人基本上都會涉獵這些思想。由此可知，禪宗的出現，有其深厚的基礎，禪宗的方法之所以能夠有頓悟的過程，也是建立在這個基礎上。

可是當前的佛教，並未如六祖之後禪宗大盛的時代那樣普及，大部分學佛人的基礎也沒有那麼好，基本上，佛教可說是全民信仰，但全民信仰的佛教，有時候基礎卻未必深厚，尤其是在禪修的基礎部分。這就好比有些人認為淨土宗的程度太淺，是因為它很容易普及，容易成為全民信仰的方法，所以在基礎的建立上，可能無法那麼深入。我們也發現全民信仰的佛教很容易與民間信仰結合，而全民信仰的要求較低，主要在於滿足生活中的基本需求。

然而，隨著佛法不斷地弘揚、推動，愈來愈多人發現，信仰佛教不該停留在這個層次，而能夠繼續提昇，扎下更深的根基。當更多人意識到這一點，佛教的基礎就會愈加穩固，至此，也就會有不同系統的所謂「頓悟」方法出現。因為有了這個基礎，許多方法就從觀念上直透，並進一步提昇。

在佛陀時代，修行的風氣非常普及，佛陀的許多弟子並不是從最基礎學起，有些弟子聽聞佛陀說法後，掌握了重要核心，便證得阿羅漢果位。佛陀最初剃度的弟子中，有些甚至並非由他親自剃度，而是跟隨佛陀學法的「千二百五十人」，這些人被稱為佛陀的常隨眾。常隨眾並不是指常跟隨在佛陀身邊的人，而是佛陀早期所收的弟子。從他們的出身來看，許多人原本是外道，甚至在外道中是領袖人物，因此他們具備深厚的思想和修行基礎。然而，他們出家前所學習並認為深奧的道理，往往成為他們無法解脫的障礙。

大部分修行者希望證得「我」，無論是真我或梵我，但佛陀打破了這一觀念。這些有成就的修行者，在修行過程中經歷深刻的禪定體驗，逐漸發現所追求的

「我」並不是終極目標。真正的終極目標需要打破這一執念，方能接受諸法因緣生、諸法因緣滅的觀念。

當這些修行者接受到緣起觀時，便發現他們的終極目標其實尚未完成，或是發現自己原本所執著的修行境界，實則必須放下或打破。就這麼一念覺，他們便破了常見與我見而開悟。由此可知，佛陀時代就是在這樣深厚的基礎上，讓教法得以迅速普及，接引了許多弟子，並成立僧團。

誠實面對自己

大家來禪修，首先要認清現在的環境並沒有達到理想的條件，無法馬上用頓悟的方法來開悟。除了環境缺少這個因緣，更重要的是我們自身也缺少這個因緣，修行的條件不夠完整，也不夠深厚。那些開悟的禪師通常修行了三、五十年，或至少也有二、三十年，而我們不但修學的時間短，也不像他們那樣精進，全生命投入。

由此可知，不只是環境條件不具足，我們自身也不具備這些條件。我們必須要誠實面對自己，如果對自己都不老實，修行就很難進步，這意味著你經常自欺欺人，虛晃一招讓自己開心，但這種開心過後，其實什麼都沒有。反之，踏踏實實、老老實實地對待自己，了解自己的狀態，努力用功，這才是該做的事。這一點必須經常自我提醒。老參不要覺得這些重複提醒的話很囉唆，要知道每一次複習方法，就是在應用方法。智者大師的《小止觀》，以及他所建立的天台止觀法門中，有所謂的「二十五方便」，大家要了解它，進而進入正修階段，調和身心。因為我們的身心往往比較粗、散、亂，而需要調整到比較細、安定、凝聚的狀態，要用方法來完成身心的調和。

調身、調息、調心

我們不但要面對身心在現實中所呈現的狀態，還要知道問題所在。我們之所以來禪修，就是因為發現自己的身心狀況與想像的不一樣，往往無法自主，而被內心煩惱和外境左右，導致生活慌亂和心情不安，這就表示我們的身心發生問題，要用方法來調和身心。

調和身心時，止觀法門將其分為三事：身、心和息。身與心中間加上一個息，這是止觀法門的重點。調和身心為何還要多加一個息？因為調和身心之時，息的作用非常重要，它是身心的一種本能，必須借用它來掌握身心的狀態。

調身是指身體，調息是指呼吸，調心則是指心的內層作用與整體作用。我們平時大多處於動態，不容易發現自己的問題，所以要採用靜態的方法來進行調和。

靜態方法調身，採用的是靜坐的方法。身體調好後，就要進入調心。調心時，會發現身體和心之間還有一個本能的作用，即是呼吸。呼吸之所以被重視，是因為我們可以借助呼吸來調心。因此，在佛教或瑜伽修行的方法中，都會提到呼吸的方法，不同的系統有不同的善巧和用功方法，但基本原理都是出息和入息。有些經典提到觀出入息，在觀的過程中，有許多不同的善巧。我們採用的是比較簡單的方法，先觀出入息。

觀出入息，即是用呼吸做為攝心的一個所緣境。呼吸非常重要，佛陀告訴我們，生命在呼吸之間，生命的存在顯現出來的現象，不僅在於生理和心理方面，還有呼吸。我們常說一口氣不來，人就走了，呼吸是我們身體本能中非常重要的作用。呼吸做為一種生理運作，可借用為一種修行的方法。如果沒有處理好呼吸，卻想越過呼吸直接調心，其實是無法進入調心階段的。所以調心前必須先調息。

調息的方法因人而異，我們現在採用簡單的方式，只需要知道有呼吸，然後觀察呼吸，通過專注於呼吸，慢慢地讓心收攝、凝聚，並安定下來。

如果你的呼吸一直保持在粗重、緊張的狀態，就無法調息。因此，我們用的方法很簡單，不是刻意去調呼吸，而是放鬆身體。如果你的坐姿正確且放鬆，只需要保持這個姿勢，即使妄念很多，也不要去理會，呼吸會慢慢地自然調和。如果你是借用呼吸的方法來用功，也就是在放鬆的過程中調和呼吸，你會覺察到呼吸的調和，因為身體在放鬆時，其觸覺也會變得敏銳。

調身、調息、調心，是基本的工夫運作。運作時，必須處於靜態，一旦坐好後便放鬆，讓呼吸自然，不刻意追求或注意它，只要在放鬆過程中微微覺察到它即可。當身體放鬆，心遠離外界干擾後，覺察力會變得更敏銳，這時就能利用身根來觸覺呼吸，並將注意力集中於此。這就是調身、調息、調心的方法運作，主要在靜態中進行。

入靜、止靜、出靜

靜態修行也可分為三個階段：入靜、止靜和出靜。在開始打坐前，可以進行一些準備運動，這是聖嚴師父教導的方法，包括呼吸運動和頸部運動等，有助於血液循環和放鬆。深呼吸運動的目的是排出體內的濁氣，並調整呼吸。過程中，呼吸的動作可以稍微粗一點，這樣會比較容易覺察到呼吸進出的門，即「息門」。知道息門的位置後，當進入放鬆的狀態時，就能更快地覺察到呼吸。

入靜前的運動是聖嚴師父設計的，智者大師沒有提到這個部分，這可能是師父從其他系統或自身經驗中引入的。在入靜前，各位要先把座位和姿勢調整好，然後進行頸部運動與頭部運動，接著再進行深呼吸運動，把身體先調好。入靜要先調身，放鬆呼吸，讓心慢慢地安定下來，方能進入下個階段：止靜。止靜時，我們觸覺到呼吸，將心收攝在呼吸上，讓心通過呼吸觸覺的覺察，慢慢地凝聚。

止靜後，要出靜，即使能夠坐好幾支香，也還是要出靜。出靜時，要清楚次序。所謂調三事，三事裡的身體最粗，呼吸次之，心最細。入靜的過程，從調最粗的身體開始，接著調呼吸，最後調最細的心，換句話說，是從粗慢慢地調到細；至於止靜，三種狀態都是處於比較細的狀態，身體放鬆，坐好姿勢，呼吸慢慢地調和，再用心專注在調和的呼吸上，所以三事基本上都處在調和的狀態。出靜則與入靜相反，出靜要回到平常狀態，也就是從比較細的狀態，回到平時較粗的狀態，所以出靜調和的程序，要先調最細的心，再調呼吸，最後才調身體。

入靜時，調身、調息、調心；止靜時，三事皆調和；出靜時，調心、調息，然後調身。掌握三時調三事的方法，是禪修的基本工，也是必修課。

當你聽到引磬的聲音，要出靜了，先把你正在用功的方法放下。例如，你在數呼吸或隨息，或者用其他的方法，即使你方法用得很好，出靜時也要放下，不要抓住它，要懂得調和。

放下方法後，開始調呼吸。先做深呼吸，這個深呼吸比入靜前的深呼吸稍微細一點，因為這時的呼吸比較細，甚至有些人工夫用得很好，以致於幾乎感覺不到呼吸，所以要先調呼吸。可以做幾個深呼吸，藉著細細地、深深地吸氣，再緩緩地呼出來，讓呼吸慢慢地回復到正常狀態。

有些人用功用很好，就會進入呼吸若有若無的狀態。這時一定要回到正常狀態，不能停留在此，必須把呼吸調回來。調回來後，呼吸一般不會太粗，只要細細地覺察到呼吸，讓它逐漸地回到正常狀態即可，接著就進入調身階段。

出靜時的調身

出靜時的調身，聖嚴師父教導的方法很好，內容很完整。智者大師雖然也有教導，但教得比較概括，只告訴你要先擺動身體，再按摩全身。藉著這些動作來覺知身體。因為有時止靜的工夫用得很好，會讓人覺察不到身體，甚至連呼吸都覺察不到，所以放下方法時，只要一呼吸，身體的覺察力會慢慢地回來，接著開始輕輕地擺動，藉著擺動漸漸地回到身體的觸覺。

恢復觸覺後，就可以開始做按摩。師父教的方法是從眼睛開始，因為打坐時，如果閉著眼睛，而且在調和過程中，工夫用得不錯，眼睛會進入完全休息狀態，所以需要透過按摩把它喚醒。這個方法在睡眠前或睡醒後，都可以運用。先按摩眼睛，會發現眼睛張開後，不會有澀澀的感覺。以前師父教的方法是用拇指按摩眼睛，現在則改成先來回搓熱手掌，再將手掌的下緣輕按在眼睛上。

接著按摩臉部、額頭、頭部、頸部、肩膀，然後是手臂、胸脅，再按摩背部、背椎、腹部，整個上半身按摩完畢後，再按摩腳。做完這整套按摩，你會感到全身很舒服。

智者大師也提醒我們這套程序的重要性，因為它與止靜用功有關。在不斷練習方法的過程中，止靜工夫用得很好之時，會發現不僅呼吸的感受消失，甚至身根的觸覺、身體的存在感也都消失，因為此時身體已進入調和狀態，某種程度已入靜、入止，甚至有些人還能入定。如果你能熟悉這套程序，每次出靜都依這套程序來運作，那麼即使進入比較深細的狀態，只要引磬一敲，你的心就醒了，不會停在定中。所以，一定要按步驟按摩，這樣出靜就會很順利。

有些同學不太喜歡做出靜的動作，覺得麻煩，有些道場也不重視這部分，甚至有些禪堂也不太重視中國傳統的禪堂運作方式。傳統禪堂是一出靜就馬上跑香，這個過程有助於散掉身體的細分，細分是打坐時體內氣與能量的運行。如果坐得好，氣在體內運行，身體就會保持在比較細的狀態，但此狀態與現實不同，出靜時要回到正常狀態，就得把細分散除。

有時打坐氣不順，會產生像痠痛、痲痺等一類障礙，這些都是氣不順的現象。假如身體坐得有點僵硬，整個人像是卡住而動彈不得，也是氣未調和所造成。如果身體某些部位有障礙，曾受過傷，或是動過手術，也會導致氣脈不通，氣就會停滯在那些部位。因此，出靜時一定要散掉這些氣，才不會不舒服。中國禪宗因為出靜後馬上快跑，可以把這些氣散除；但我們不這麼做，我們出靜是慢動作，這也符合出靜回到正常狀態的過程，但若沒有按摩，細分停滯在某些部位，人就會不舒服。

有些同學打坐後，晚上睡不著，精神很好，翻來翻去，感覺身體不自在、不舒服，這就是細分停滯在身體裡，氣沒有消散或卡在某些部位。因此，出靜運動很重要。智者大師告訴我們，出靜時，一定要有從細調到粗的過程，尤其調身所用的這些方法，都有助於讓身體舒緩，並處於調和狀態。

這些方法一定要不斷地練習，直至熟悉。生理上，按摩運動能幫助你把這些細分散掉；心理上，出靜的過程會把你進入止靜，甚至入定的心，使其慢慢地出靜，回到正常的平時狀態，這些方法在漢傳禪法的系統裡都有提到。

隨時調三事

智者大師設計的二十五方便，是從經典、論典而來，還融入他自己的經驗，與參考一些禪師的經驗所結合起來的系統，在其他系統裡未必能看到如此完整的止觀運作說明。

《小止觀》特別注意到在禪修的止靜狀態中，通過調身、調息、調心的程序後，身心照理來說，應處在比較調和的狀態，但在實際用功時，理想的調和狀態未必會發生，甚至經常浮現各種身心問題。

在止靜狀態裡，如果發現身體不調和，如痠痛、麻痺到快受不了，就可以適度地調整姿勢。假如是腿的問題，即使有些課程會嚴格要求不放腿，但真的痛到撐不住，還是可以適當地調和，重點是不要把自己的工夫弄粗了。可以先放下方法，回到身根的觸覺，處理痠痛、麻痺，稍微動一動，把特別痠痛的腳放下來。

放腿時，要清楚知道自己在做什麼，而不感覺心煩躁。放下腿使其放鬆，同時回到方法。要注意，整個放腿的過程方法都不曾丟失方法，這樣就可以繼續用功。假如想繼續盤腿，就再慢慢地把腿收回來，整個過程都專注且清楚地知道自己在做什麼。

如果是呼吸不調和，呼吸很粗，可以先放下方法，甚至身體也稍微調一下，因為有時呼吸與身體有關。可以做深呼吸，調和一下自己的呼吸，再慢慢地靜下來。

止靜中有一個很難調的問題，就是妄念太多。當發現方法不在了，被妄念拉走了，沒有關係，發現後就立即回到方法，不要去追究原因，因為追究原因只會帶來更多的妄念。知道後放下妄念，心回不到方法也沒有關係，就回到身體，感受一下身體的觸覺，或調整一下身體，注意呼吸，然後放鬆，讓心靜下來，再回到方法。如果在數呼吸就數呼吸，如果在念話頭就念話頭，回到你的方法上。

因此，止靜時，也要隨時調身、息、心三事，看哪一事出現問題，形成不調和的狀態，接著就用一些善巧方法來調和它。

智者大師針對這部分的調心一事，有許多開示。他知道心有很多妄念，這些妄念之所以生起，與人的貪、瞋、癡根本煩惱有關。這些煩惱又可分為不同的貪、不同的瞋、不同的癡，他對此一一提出對治的方法。有些妄念生起時，是很粗的，例如有些人起瞋心，這個瞋心很粗重，要用慈悲觀來對治。當出現問題時，該用什麼方法來調和，這些在智者大師的止觀法門中都有教導。

我們現在的課程，偏重在修止，在止靜狀態中，不會刻意地去對治心裡的煩躁狀態，也不會刻意地用某個觀念或方法對治它，而是簡化程序，只要覺察到了，就放下它。有時候轉移注意力，轉到身體或呼吸，調一調，覺得放鬆後，再把正在用功的方法提起來。這就是在止靜中如何調三事的技巧和善巧。入靜時，要知道從粗調到細；止靜時，身、息、心三事要盡量保持在細的狀態。如果不調和，就針對不同的身、息、心進行調和；出靜時，與入靜相反，是由細調到粗。其中，止靜的時間較長，所以調和的工夫較多，但如果方法用得很好，其實只要直接把方法用上去，心就止於一境，而沒有種種複雜的狀態需要調和。

在初學階段，因為身心尚未完全調和，還會有各種比較粗的狀態，在止靜時浮現出來，而隨著用功漸深，心慢慢地往下深入，更深層的煩惱也會隨之浮現。同樣地，身體也是如此。很多人沒有打坐時，未發現自己身體有問題，但打坐後，身體就出現了一堆毛病。產生氣動或特別痠痛的狀況，這些部位可能以前受過傷，以為沒事，但其實仍潛伏於身體，當用功到一定程度，問題就會出現了。氣不通順，就表示問題浮現了，那就讓氣緩緩地調和，有時你會發現一些問題漸漸地就過去了，或即使無法完全好，但它已不會干擾你了。

打坐最明顯的例子就是腿痛。剛開始時，某些部位一直疼痛，但只要持續坐下去，疼痛會逐漸消失，這表示氣不通順的問題，在不斷調和的過程中，已經過去了。但有時問題粗糙到難以調和，其實也無妨，還是持續地在止靜中運用調和的方法即可。

三時是入靜、止靜和出靜，都要調三事。入靜時，調身、調息、調心；止靜時，身、息、心皆調和；出靜時，先調心、調息，再調身。這樣對於方法的應用，就非常清楚了。

我當年學習三時調三事時，聖嚴師父就是這麼一步一步帶領著大家進入，引磬敲響，再帶著我們一個步驟、一個步驟地放鬆、出靜。我不知道你們有沒有這麼幸福，有這樣的老師一步一步地教導你們、帶領你們。現在有些課程還是這樣教導，讓學生對整個過程都很清楚，不斷提醒要練習。為什麼要練習？因為長期用功的過程中，尤其是在止靜的狀態下，如果調和得很好，出靜的過程就變得非常重要。如果經常練習，就會熟悉這個過程，懂得如何在心很細的狀態下，把方法放下，然後出來。出靜時，身體有什麼狀況，也可以通過這個方法舒緩，使其恢復到正常狀態。如此一來，整個程序都會通暢運行，長期用功就不會有問題。

不過，有些同學常常跳過一些程序，當他們遇到狀況時，就可能找不到路出來。例如聽到引磬聲，卻不知道該怎麼出來，若熟練上述的程序，就不會有這個問題了。

大家在練習時，包括每日的用功，都應該按照三時調三事的程序來進行，把這些次序做好，並將其做為每天或每次功課中的必修課，這對你們往後長期用功會有很大的幫助。

在座中的許多同學，已開始教導其他學生，當你們自己熟悉了這整套運作程序，在教學時也要讓學生們了解這個過程，這點非常重要，既能自利也能利他。有需要的話，可以參考聖嚴師父關於止觀法門的教導，這些內容都講得非常清楚完整。

〈第九講〉

從止到觀鍛鍊心

三時（入靜、止靜、出靜）調三事（調身、調息、調心），這些都是基本的工夫，不論止靜中的狀態為何，或用的是什麼方法，都要照著這個基本程序走，才是方法的完整運作。

先修止對治動態散亂

至於正修，則是止靜時練習的方法，包括修止與修觀的方法，運作時皆有基本次第。一般來說，修行法門的運作，會先偏重於止。這是因為我們平時的狀態較為粗重，心也較為散亂，若要調細身心，要先通過調身，讓身體先處於靜態，心就會靜下來。雖然在動態中，也可以修止與觀，但是學習課程要重視次第，並了解自己現有的狀態，所以通過止靜的方法，讓身心處在比較安靜、安定的狀態，會是比較理想的修行方式。

我們在心安定的同時，也要保持心的清明，這就是我們不斷談到的觀念上用功：「但莫憎愛，洞然明白。」這個「明白」很重要，它是「知」的作用。絕大多數的人都能夠具有知的作用，除非是處在無記或愚癡狀態的人，或是六道中的其他道眾生，尤其是畜生道眾生的癡心特別重，所以牠們缺乏分辨事物的能力，更遑論分析事理了；而人類會做種種的分辨與分析，但也因此有了分別之心，產生憎愛的心理。

我們平時生活都在運作知的作用，只是平時的運作很容易與煩惱的貪瞋相應，這是因為平時的心較為散亂，很容易就生起憎愛心，而不斷抗拒與追逐，造成心煩意亂，如不加以處理，心就會持續向下地負面循環，所以我們用功時，一定要先處理這個問題。

處理方法，就是要讓心不要因為種種分別，產生過於激烈的運作，要讓心慢慢地止靜下來；於此同時，心仍是「明白」的，仍發揮知的作用。至於如何讓止與知結合，達到定慧一體，那就要採用更進階的方法了。

現階段的用功，需要先講止，因為止的方法比較重視次第，而同學們的修行狀態，普遍來說是比較粗散的，甚至是粗亂的。想要讓自己專注、安定下來，把心調細，就需要一些方法上的善巧來加以協助。因此，要先把方法提起來，這時就會知道自己的問題，再用所提起的方法來處理問題和調和身心，而調和的身心又能幫助我們把方法用得更好，如此一來，練習方法和調和身心之間，便形成了一個持續向上的正向循環。

修止的基本次第，要從身心現有的狀態下手。用功如果沒有著力點，就會不知從何做起，一看到比較高深的方法，就會想趕快抓住，一方面是因為對於理論的了解與方法的運作，沒有掌握得很好，另一方面是誤將一些慣性施加在修行上，特別是功利的心。

修行若是為了要回觀自己，淨化身心，其實還是帶有一種「想要得到」的功利心，但它不一定是偏頗的；然而有些人的慣性卻是急功近利，想要很快得到效果，很多人都有這樣一種世俗的功利心。如果以這種慣性來用功，它一定會打亂你的修行程序，因為很多事必須要隨順因緣。

修行必須要信因果、信緣起。換句話說，用功時，若因緣具足，果報一定顯現，反之，因緣不具足，再強求也是枉然。很多世間的煩惱，正來自於這種貪求，但在修行時，一定要放下這種求速成的功利心慣性。

懂得隨順因緣

用方法時，提醒大家要不斷地放鬆。放鬆就是明確地知道，不能以一種用力追逐的方式用功。因此，不但要放鬆，同時也要捨放、放下。這不是不要用方法，方法還在，只是用方法之時，要隨順因緣。

所謂因緣，可分為內外。外在因緣是指外在的環境條件，好比大家現在能來打七，即具足了二十五方便中的好幾個方便。可是你們假如沒有因緣來打七，又將處在什麼樣的狀態裡呢？是忙碌或悠閒放鬆？這些都是外在環境賦予的條件，不論在什麼樣的條件下，都要懂得把握因緣。比如說，以你現有的狀態，就可以全心投入修行，因為所有生活中瑣瑣碎碎的事，現在都可以放下，不需再用力追逐了；至於平日，大家各有執事，其中也包括度眾生的工作，而在這樣的環境中，該如何調整自己的時間，這就是我們要把握的修行外在因緣與條件。

至於修行的內在因緣，就要回到自己的身心，坦誠地面對身心現有的狀態。隨著用功程度愈加深入，必須愈正面地面對自己；相對而言，我們平時在外與人交流、應對事務，可以只停留在表層，遮蔽某些不願意讓人知道的部分。現今社會非常注重隱私，那些不願讓人知道的部分，可能就是我們的弱點。但是在打坐時，這些都遮不住了，你必須不斷地面對自己的不足和煩惱，這些都是弱點。

在打坐時，比較內在的自我會一層一層地浮現，所以必須一層一層地面對。要相信因緣，用踏實的心去面對。所謂面對，並不表示你必須放棄些什麼，或是要向弱點認輸，而是明白了佛陀所謂的「人生是苦」。佛陀如此說法，就是要讓我們知道人生的真實相，當反觀自己發現了問題，就要面對。唯有面對、接受，才能進一步處理。處理就是改進缺點，提昇優點，假如沒有解決問題，用功時就會彷彿置身在一團迷霧裡，不清楚自己要調整些什麼，找不到方向。

真正無分別的智慧

因此，就必須回到我們自身，先讓身心安定下來。在修行次第上，會把止的工夫放在前面，先修止而後修觀。三祖僧璨所強調的「但莫憎愛，洞然明白」，「但莫憎愛」是修止的過程，「洞然明白」則凸顯默之時，觀的作用仍在。

至於觀，也有不同的方法，比如觀照、觀想等，禪法的觀則更為直接。不論用的是何種觀法，在用功的過程中，知的作用會持續保持，只是在偏重修止的階段，知的作用會放在對當下因緣的清楚覺照，而不去分析它。換句話說，心中知道，但不分析，藉此讓心減少因分別而衍生對憎愛的煩惱與妄念，所以修止時，觀的作用還是在的。

究竟來說，止與觀是一體的運作，但在實修的過程，則稍有偏重。先偏重在止，以此對治憎愛之心，讓心能夠漸漸地安定、凝聚，於此同時，觀的作用仍保持清楚，待心更加安定了，觀的作用也會更加敏銳，這時就能把修行的重心轉向觀，使其發揮得更好，也由於此時的心非常安定，即使所做的觀想具有分別的作用，但這裡的分別，已是在很安定的狀態中所分析的世間實相。至此，我們會產生一種超然的無分別心，也就是先前所言「見山不是山」的境界。

在達到「不是」的境界之前，我們還是要先把「是」的過程做好，讓止做為整個身心安定的基礎，觀的作用才能發揮得更好、更敏銳，之後就能通過觀想的方法，或是禪的止觀法門，讓智慧顯發，而這樣的智慧，才是真正無分別的智慧。

我們要把握好這些程序，運作時順著這個次第來用功，才不會產生偏差。方法可以有偏重，但不能偏差，更不能偏廢，才能把工夫用好。

善用六妙門

智者大師在《六妙門》中，提出了種種修止的善巧。《六妙門》是智者大師很重要的一部著作，而這些方法，在他的另一部著作《禪波羅蜜》中也有提及。

綜觀智者大師的著作，內容非常豐富，即使他並未建立很完整的教理體系，但一來他說法並不複雜，再者許多重要的佛法觀念都已蘊涵其中。以《六妙門》為例，智者大師並未將其中提到的方法，歸類在高階禪法，而是歸在一世間、一出世間的禪法。一般來說，修行若偏重止，即為世間禪，若偏重觀，或由止轉觀，則能出世間；而在《六妙門》中，智者大師提出「不定止觀」，此即是一世間、一出世間，意指修行端視乎禪修者的方向與發心，而會有不定的成果出現。

在《六妙門》的後半部，大約第七、八、九章，漸漸地從世間轉向出世間，從對個人的修行解脫、到大乘禪法，繼而談到圓教理論，講到最圓滿處，就是天台宗的圓教思想。

回頭看《六妙門》第一章，強調六妙門可以貫通所有禪法，換言之，各式各樣的禪法，皆可由六妙門進入。例如「數」門可以入哪些禪法、「隨」門可以入哪些禪法，止、觀、還、淨可依此類推。第一章旨在凸顯六妙門的廣泛與深入，但只有概要地提出名相，至於整部著作中，我們用得最具體的部分，則是第二章。

智者大師在第二章中，具體分析了六妙門，又把六妙門的修行，細分為十二次第：1.修數、2.證數、3.修隨、4.證隨、5.修止、6.證止、7.修觀、8.證觀、9.修還、10.證還、11.修淨、12.證淨，每一門都要經過修道、證道，方能推進到下一階段。智者大師把這個次第條列得清楚分明，是我們用功時很好的參考，很容易讓大家看清楚自己的狀態，知道該如何一步一步地走。

說到「數」的方法，先前介紹過觀呼吸的方法，這是佛門內很重要的一個法門，乃至外道的許多教派都很重視這個方法。至於佛教的呼吸法，則有「數息觀」，先數息而後觀，這個方法被納歸在「五停心觀」裡。

「五停心觀」是大多數法門據以建立的基礎，其中，「數息觀」與「不淨觀」又被稱為「二甘露門」。甘露在印度是不死之藥，佛教用以形容不生不死的體驗。中國也很重視長生不老，古人總是想方設法地想要延壽，但佛教則說壽命毋須延長，要證到不生不死，方為究竟，二門之所以喻為「甘露」，強調的即是通過它即可進入不生不死的涅槃境。

相對於「不淨觀」，「數息觀」是較為普及的方法，儘管佛陀住世時代，他的許多弟子都會修不淨觀，但從現代的角度來看，數息、觀呼吸的方法，還是最基本的工夫。

有的人以為基本的工夫，就是初階的工夫，所以不太重要，但佛陀告訴我們，數息觀是甘露門，通過這個方法可以直透不生不滅的境界，換句話說，即使這個方法很基礎，但若修得好，踏實地依照數、隨、止的方法來運作，一旦進入到觀，能觀生滅無常之理，照樣可以證到不生不滅的涅槃。因此，佛陀提醒我們即使數息是初階的工夫，卻也是通往甘露門的一條途徑。我們學習數、隨、止的工夫，仍然要從呼吸的方法入手。

至於聖嚴師父所用的數、隨、止，則不只是放在呼吸上，還放在念佛、念話頭上，由此可見，數、隨、止是修行的次第，也是一種善巧。你如果用的是呼吸法，就要讓呼吸的工夫，與數、隨、止的次第連接起來；同理，念佛也可借用這種技巧，達到一心；念話頭也是如此，由此念到念的人與話頭統一，接著就可以問話頭、參話頭。念佛念到一心不亂後，可以發願往生，也可以轉成話頭來參。換句話說，六妙門這一套次第與技巧，可以用不同的方法、不同的所緣境進入。

因此，這個技巧很重要。智者大師說六妙門並非他的發明，而是他從經典中整理出來的，他甚至說諸佛也是依這個法門，完成他們的覺悟，所以諸佛也都很重視這樣的修行次第。

早期聖嚴師父的教導，是從數息開始。當時有些同學會數不到，甚至找不到呼吸，為了設法找到呼吸，就會呼吸得稍微緊迫些，再用力去數。其實師父的教導，是要我們放鬆，可是有些同學因為急迫的慣性，想要趕快見到效果，反而在用方法時，別說數了，光找呼吸就愈找愈緊張。因此，有人說自己不能數呼吸，因為一數就會控制呼吸，這種情況其實滿普遍的。之所以如此，是因為缺少用方法的技巧，若要依數、隨、止的次第來數呼吸，首先就要覺察到呼吸，找到呼吸。

呼吸還需要找嗎？其實呼吸什麼時候離開過你，躲起來了呢？既然沒有，為什麼覺察不到？這是因為自己的身心太粗，以致對呼吸的觸覺不敏銳，所以就覺察不到。這時要先讓身體靜下來，放鬆身體是調整身心的關鍵，因為身體放鬆的同時，心也會跟著放鬆。

至於放鬆心的方法，也一樣是不用力。所謂不用力，就是不去追逐或抗拒妄念。我們不可能沒有妄念，所以不要想像自己沒有妄念，念是心的一種功能，會在意識中自然顯現，當我們用方法時，這個作用仍在，而心的放鬆，就是知道它在，但不加入任何情緒，不追逐也不抗拒。當我們覺察到了妄念，會想要趕走它。其實這個趕走它的念頭，就是另一個更粗的妄念，這樣就無法放鬆。放鬆就是你知道念頭來了，但你不用力，不再加入任何想法。

身體也是一樣，放鬆就是把姿勢坐好了，就不再使力。理想的狀態是，身體的每個部位都調整到正確的姿勢上，這時身體就會自然放鬆，不需要用力。剛開始調整姿勢時，我們得稍微用點力挺起腰來，因為大家平時都習慣把腰靠在椅子或坐墊上，打坐時要挺起腰，就得稍稍用力些，但只要遵循正確的打坐姿勢，就會慢慢地發現這樣的坐姿，其實最能讓全身肌肉放鬆。坐好了之後，心不要追逐或抗拒妄念，讓它們自然地來去，心漸漸地就會沉下來，便能覺察到身體。

身是心的功能之一

身是心的功能之一，禪修講一心，一心又分成六識。諸如此類關於心的觀念，佛教不同的教派有不同的解釋，除了六識的分法，也有把心分為八識的類別。

回到禪修的方法上，則是以一心為主，然後再把心分成六種不同的功能。身體是心的功能之一，加上眼、耳、鼻、舌，此五根、五識主要對外；至於意識，很多人把意識當作心，其實就禪法而論，意識也是心的一部分功能，屬於心比較中樞且內在的作用。

由於心是一個整體，身根、身識也屬於心的一種作用，所以心可以覺察到身體，也才能夠調身。當身心放鬆下來，內在意識的妄念比較少了，前五根的作用會比較敏銳，如果再暫時切斷或避開眼根與耳根的作用，身根的觸覺自然會更敏銳。心分為六個作用，當其中某幾個作用功能減少，其餘的功能就會比較敏銳，而容易覺察。聖嚴師父教的默照法，即是直接通過整體身根來用功。用方法時，如果身心都能放鬆且敏銳，就能覺察到整個身根，達到身心統一。

如果你的身心很容易放鬆，學默照就滿簡單的；假如還不到這種程度，默照則可能變成出於意識想像的妄念，沾沾自喜以為：「哎呀！我知道了，我統一了！」你只是心裡很開心地統一，實則身與心都沒有統一，只是一堆妄念。自己分析自己想，這就是沒有用上方法，連方法用偏了都還不知道。

有人說他用的是默照方法，問他怎麼用，卻說不出來。因為默照是一個觀念，有用上方法的人，才能把這個觀念轉化為實際行動，具體地表達出來。多數人在說明自己如何用方法時，往往說得語焉不詳，或只能重複師父講過的話。我曾問一個同學如何運用默照方法的，他不假思索就說：「我跟聖嚴師父打過默照禪四十九。」他的意思就是你不用問了，我就是會的，其實這就表示他根本不會，所以講不出個所以然，只好推說自己是師父的徒弟，是跟師父學的，所以不需要告訴我如何用方法。遇到這樣的同學，我只能保持安靜了，既然他這麼厲害，我也沒辦法了。如果態度傲慢，又不懂得自我反省，只會離正確用方法愈來愈遠。

我們一定要回到現實。如果你用聖嚴師父教導的方法與次第來練習，那沒有問題，但若問你用的是什麼方法，你只是照師父說過的話再講一遍，那是師父在用功，不是你在用功。因為即使用的是師父的方法，還是會有你自己用方法的過程，你會有你的經驗、你的身心反應與感受，這些如果講不出來，或說得語焉不詳，就表示你還不是很清楚要如何用方法。

假如你身心一向放鬆，一坐下就坐得很好，並能覺察到全身狀態，那就可以直接使用師父教的方法，但可能只有少數利根的同學，或之前已修得很好的人能做到如此，大多數人還是不容易做到的。因為心平時的慣性，是散亂的，現在要用方法來調心，就要收攝、凝聚，讓心安定下來。

首先要從五根裡找出某一根、某一識，做為用功的所緣。我們現在用的是身根，用身識觸覺身根，讓心的作用集中於此，這是最基本的方法。用方法時，很多人雖能觸覺到身根，卻無法直接觸覺整個身體，那就要再加上局部和逐步掃描的步驟，但這個步驟就得用到某一些意識，如果能用心直覺地觸到身根每一個部位，還是最理想的。這個方法是師父依據自己的體驗，有次第地建設起來，它與默照有關，但沒有直接用到數、隨、止的方法。你如果有因緣，可以通過師父的著作和影片來理解運作方式，能夠運作的人，可以直接運用方法。

覺察呼吸，體驗呼吸

大部分的人雖有對身根的觸覺，但在用方法時，不論是整體覺照或是逐步掃瞄，有時會用得不好或是太用力。聖嚴師父提醒我們，這時可以依止觀法門先覺察呼吸，或按照師父的說法直接體驗呼吸。當我們對呼吸有所覺察，便會發現心專注在呼吸上，假如凝聚力不足，就會慢慢地鬆散，散亂了之後，還是要收回來，繼續注意呼吸。

用方法時，心要安定、凝聚，這就是專注，即「但莫憎愛」，不要有分別心，只是專注，同時還要「洞然明白」，也就是要清楚地知道。這兩個作用，原本就是心本然性的功能，但平時我們都散著用或混著用，所以練習方法，一方面是要練習專注的心，也就是減少分別；另一方面則是練習清楚地知道，可是一旦清楚地知道就會起分別，所以要用專注力來讓心安定，不起分別。

專注與覺照是心很重要的兩個功能，定與慧、止與觀、默與照，皆是同一指稱的不同名相，而所謂練習方法，就是在練習專注與覺照。當我們在覺察呼吸時，要很清楚地知道自己正專注在呼吸上，但有時這個清楚知道的心，會混雜其他的念頭，而把專注力拉走。比如腿痛等身根比較強的觸覺，很容易把心拉走，一拉走就專注不到呼吸。如果你有這些情形，或是不太容易覺察到呼吸，沒有關係，還是繼續放鬆，放鬆到可以觸覺到身體，慢慢地就能觸覺到呼吸。另外，有些人並非直接觸覺到氣息進出的鼻端，而是觸覺到腹部或胸部的起伏，如果你是屬於後者，請在觸覺到了之後，把注意力上移至鼻端，專注於此。鼻端的部位雖然很小，卻是氣流通過之處，所以會產生觸覺，即使氣流並不明顯，但如果仍能觸覺到，那就表示已覺察到呼吸。

覺察到呼吸後，很容易出現斷續的狀態，也就是能覺察、專注，但慢慢地專注力就鬆懈，所以又不清楚呼吸狀態了。有的人把這種狀態當作隨息，說自己只能隨息不能數息，其實這又是一個誤區，這並非隨息，而是在隨息之前的覺察呼吸。要先能覺察到呼吸，接著為了讓覺察力與專注力持續不斷，就得再用另外一個方法，加強覺照的心，也就是用數目字來數息。初學者因為心比較粗散、不安定，加上覺照時不夠清楚，好不容易找到呼吸，但很快就不見了，這時可再加上數目字，加強提起覺照。

在專注覺照呼吸的過程中，可以利用數數，提醒自己專注在呼吸，從一開始數到十，再回頭從一數起，在提起數字時，便已加強了心比較內在的覺照作用。通過數數，可以提醒自己的警覺心，假如在數數的過程中，數目字不見了，表示覺照心不夠清楚，專注的作用也鬆散了，一經覺察，不管當下數到哪裡，都不理它，再回到呼吸上，專注、清楚地知道，然後再繼續數。

聖嚴師父教導的方法，是數出息，因為呼氣時，身體會比較放鬆。要留意數數時，不要在呼吸的轉折處數，這樣可能會控制呼吸，可以在呼氣出去的一段中間，放上數字，不要用力，輕鬆地知道，並放上數字即可。如果數字不見了，沒有關係，重新從一再提起數字即可。

每一支香都是新的

有同學說他從一數到十會數成慣性，該怎麼辦呢？對治的方法是，可以倒數或跳數。重點在於不要把方法用成了慣性，變成了一種重複。

不但每一支香都是新的，每一個呼吸也都是新的。所謂生命在呼吸之間，一個呼吸過了即滅，下一個呼吸不來，人就走了。既然每一個呼吸都是新的，那麼每一次的數息，都要很清楚地知道，即使數目字是重複的，但是數息的每一個念，都非常清楚，如此一來，專注與覺照的心就會慢慢地凝聚。當凝聚到你每一個數目字都數得很清楚，每一個呼吸也很清楚，數的數目字與呼吸是一致地在流動著，這就是「證數」。證數後，會漸漸地感覺這個加上去的數目字有點粗，此時可以把數目字放下。如果數得很好，你不用放下數目字，它自己就不見了，這不是因為忘失，而是因為你的心與呼吸已非常貼近，不需要再加入東西，就能清楚覺知到呼吸，這時就能轉入「隨息」。隨息時，心與呼吸彷彿貼在一起，所以你會對每一個呼吸都清清楚楚，聖嚴師父說這就是在體驗呼吸。

當你能使用隨息的方法，表示已通過數息的過程。假如有人說自己不能數息而能隨息，那是不可能的事，因為不能數息，表示覺察呼吸的過程會中斷，或是斷斷續續，那絕不可能隨息。到了隨息之時，一定是一直保持著持續的狀態而不中斷。

能隨息的禪眾，身心會比較安定，隨息到後來，呼吸會愈來愈細，此即調和身心的過程中，一個螺旋式上升的循環過程，一直到呼吸非常微細，微細到不需專注在呼吸上，換句話說，心已不需依賴外在所緣的身根與觸覺，就能自然凝聚，進入到心本身更內在的內所緣，此即一心，也就是達到「止」的狀態。至於內所緣究竟是緣於那個點？沒有了，心的內在不像它緣於外境時，會有一個具體的、外在的點，當用功到一心的狀態，基本上，人已不會感覺到妄念，但能很清楚地知道心是凝聚的，即便偶有一些妄念顯現出來，心已安在止境上，不會受其干擾了，這就是數、隨、止的一套完整方法與次第。

數、隨、止念佛

同樣的方法也可以用在念佛上，差別在於念佛不是用身根的觸覺，而是依意根、意識的作用。念佛的「念」字，之所以不使用「唸」字，是因念佛雖然也有借用外在音聲的方法，通過耳根來修行，但那是觀音法門，我們不是使用這個方法，我們念佛時是用心念，把佛號提起來，這樣的方法稱為「持名念佛」。

念佛法門分為觀想、觀像、持名與實相四種方法，其中，持名念佛是最普遍，也是比較簡單的方法。提起一佛號後，不念出佛名，而是放在意識裡念。用方法時，同樣是先坐好，全身放鬆，讓心往內以意根、意識提起佛號的念，這時可能需要稍微作意地提起阿彌陀佛名號，若你一提起佛號，心就能專注、覺照在佛號上，表示方法用得很好，念佛很容易入心，那就繼續這樣用方法；若你在念的過程中，佛號經常中斷，可以用數、隨、止的方法，先數佛號，把佛號提起來，阿彌陀佛一、阿彌陀佛二、阿彌陀佛三……，像這樣地慢慢數，佛號只要一中斷我們就知道，再重新從阿彌陀佛一開始數，數到佛號能一直持續後，就能把數目字放下，進入隨念佛，最後達到止，也就是念佛的心與佛號一體的境界。

數、隨、止話頭

有的人用話頭的方法，是從一開始就抓住話頭猛參，以為這個方法很猛厲，所以要很用力，其實話頭不是這樣用的。先前曾提到，如果條件不具足，是進不了禪堂的，所以古來能進禪堂用話頭皆非初學者，禪師不教別的方法，直接丟話頭給禪眾，要他們一提起話頭就參，那是因為他們前面的工夫已經準備好了，但我們現代人進禪堂，這些工夫往往都沒有準備好，所以要先準備前方便的工夫。

聖嚴師父建設這些前方便，首先是用念佛的方式來念話頭。因為很多人一提起話頭，就會用力，而一用力，這些話頭就會轉成很多的妄念。因此，師父先把話頭提出來，用比較溫和的方式，像念佛一樣地念話頭：「什麼是無？」「本來面目是誰？」如果念得斷斷續續，就要加強警覺心，可用數、隨、止的方法來數話頭：「什麼是無一、什麼是無二……。」當數到可以很專心地念「什麼是無？」，就可將數目字放下，轉入「隨」。

數、隨、止技巧中的「數」，可用來幫助我們於專注覺照之時，凝聚警覺的心。多數禪眾就是因為警覺心不夠，而很容易被其他的念拉走，數的方法正可加強警覺心。這個方法不只佛陀會用，歷來的禪師也會用，甚至連佛教以外的教派，也是用這個方法，幫助人們把心安定下來，其中，以數呼吸的方法運用得最為普遍，當然不同的方法，還是會用到不同的技巧。

我們現在所學的內容，是把方法再簡化，只是覺察呼吸，觀察氣息在鼻端的進出就好，不用觀呼吸從哪進、從哪出，或是觀呼吸是冷的、熱的，這些都不必去分別它，只要知道有呼吸進出即可，覺察到了，就把心守在那裡。如果守的過程斷斷續續，可加上數目字，再慢慢地從「數」到「隨」，最後能夠「止」下來，即達一心。

這些技巧的運作，用的是什麼方法，用的是什麼所緣境，以及所緣境依的是哪一根識，都要分清楚，不可混亂。假如觀呼吸時，不是用身根的觸覺去觀，而是用妄念去看它，那就用不上方法了，所以區分清楚很重要。

有些人念佛時，會配合呼吸。這只有在剛開始有用，一旦方法用得稍深，就會有問題。因此，念佛和呼吸一定要分開，不要用呼吸來念佛，念佛時要把呼吸放下，把用功的心轉到比較內層的意根、意識上，將佛號提起來，把心放在佛號上。如果直接念，念得不理想，可配合數、隨、止的方法。

數、隨、止的運作，可說是最基本的工夫，如果這套工夫用得不夠好，就想轉入用禪，或是觀想的方法，那是很困難的。很多人靜坐時，稍微靜下來了，就開始要觀想無常、無我，往往觀到最後就亂了。所謂聞、思、修，思是必要的，但不凝聚的思，思到後來都是妄念，而觀更是一種細微的分析、分別，它是依止而有，假如止的工夫沒有成就，就要做分別，分別心就會變得很旺盛，變成很多妄念。

因此，數、隨、止的工夫不能省略跳過，跳過了它，不管你後續用的是什麼方法，一定都是鬆散地沒有力量。很多人都知道要觀無常、無我，但為何觀來觀去都起不了作用呢？因為都是用妄念在思惟法義，而無法凝聚成為一種智慧來斷煩惱。同樣地，若是用妄念念佛，也是沒有力量，這時就要借用數、隨、止，依此次第來修止的法門。過程中提起的覺照心，其實就是一種觀的作用，即所謂觀照，很清楚地知道；專注則是幫助我們凝聚，讓心安定下來，所以是止的工夫。

現階段用工夫會較偏重在專注，但仍不能失去覺照的心，這個功能還是在的，但只要清楚地知道就好，不要去分析你的呼吸、正在數的數目字，或是所念的佛號，然後讓專注與覺照兩個作用慢慢凝聚。

呼吸的方法是用身根的觸覺，念佛與話頭則是回到意根、意識的作用，對此也要很清楚，用功才不會用錯方向，或用不上力。至於數、隨、止這個技巧，依的是什麼所緣境，就要回到自己本身所用的方法來區判了。

〈第十講〉

禪修與登山

我曾用登山比喻修行，還寫過一首〈登山偈〉來分析這個比喻。

禪修如登山　修止若成就　猶如處山腳　自此能登山
未至止一心　即是籌備時　需具各條件　調和身息心
調和用功中　漸次循序修　已做好準備　方行至山腳

傳統修觀法　依古仙人道　循著前人路　有善士嚮導
一步一步走　一路有順逆　終而抵山頂　見山頂風光
山頂好風光　無常無我空　之前只聽聞　現親身得見

若修話頭禪　如好探索者　喜自闢途徑　自找登山路
但把握方向　奮起勇猛心　登山之行程　倍增艱難度
故之前準備　需更具工夫　能突破障礙　終而達山頂
個人親自見　即本地風光　所見無遮攔　為露地風光

修默照禪者　身心放鬆徹　處於統一境　並放任六根
一步入於山　與山即統一　人即為是山　山即為是人
人山既一體　處處即山頂　當下即如是　見處處風光

無論何法門　所見所悟者　無常無我空　即本性風光
入門方便異　所悟非為二　方便即善巧　終極本性一
方便是契機　本性為契理　契機而契理　禪修圓滿境

三種登山的方法

我在這個比喻中提及登山的三個方法，即《六妙門》的觀、還、淨。《六妙門》的觀、還、淨有其次第：先止而後觀，「觀」了可以「還」，然後再達到「淨」。在登山的比喻裡，「觀」是「觀無常、無我」，「話頭」相等於「還」，「默照」則相等於「淨」。三者略述如下：

（一）觀是觀無常、無我

「觀」是傳統的佛教修行方式，在佛教的傳承過程中被廣泛使用。無論是部派佛教或現今的巴利語系統，觀無常、無我都是主要教導的方法。這種觀法需要有人引導，因此可比喻為爬山時需要嚮導或遵循前人走過的路。

在佛經中，前人走過的路被稱為「古仙人道」。「仙人」在此指的是修道者，而「古仙人道」則是指佛陀所經歷的修行之路。這樣的比喻說明了有嚮導引領的修行並不困難，因為透過帶領和指導能清楚方向和要領。然而，真正的修行還是需要個人努力，嚮導雖然能引領你前行，但他無法替你完成旅程，最終還是要靠自己一步一步地走上去。

（二）還是話頭

第二種登山的方法是，不必沿著既定的路走，有時甚至會走捷徑，或選擇不同的路徑，只要知道自己不斷向上，就能到達山頂。我用這個比喻形容話頭的方法，是因為話頭的修行方式並不依照傳統的路徑，而是透過一個話頭或公案，先觀察山形，再憑藉自己的條件，朝著目標往上爬。

（三）淨是默照

第三種登山的方法是默照。修默照達到身心統一，甚至內外統一時，就如同進入山中，與山合而為一。這樣的人，不論走到哪裡，都能看到山頂的風光，因為他已與整座山融為一體。

當然，這三種只是個比喻，因為登山的人有各種不同的方式。用默照的方法與山統一，就能在登山的過程中，非常悠閒地享受山的美景。不僅能到達山頂，也能欣賞沿途的風光。

在談登山之喻時，有一個基本的原則，即不管是從哪一個方向進入山裡，只要不斷地往上爬，最終都會到達山頂。從東邊來，方向就是往西一直往上爬；從西邊來，方向則是往東，也是往上爬。東、西、南、北的方向是平地的概念，而爬山時則只有向上的方向。

這個比喻更重要的一點是，如果我們要爬山，首先必須來到山腳下。如果沒有站在山腳下，你如何爬山呢？山腳下的意思，是指你已經修完了數、隨、止，並且做好各方面的準備，包括對山的了解、登山的知識、登山的設備，以及服裝和器材，都要準備好。但是只具備這些還不夠，登山之前，你還需要進行很多訓練，以確保體能足夠，擁有健康的身體和各方面的所需條件。當這些都準備充分了，才能來到山腳下，準備登山。

如果你不來到山腳下，而是一直在家裡研究山的地圖，分析如何走，不論分析得再透徹，你還是待在家裡沒有出發。如果你只是在山腳下走兩步就累得氣喘吁吁，或是準備不充分，爬到一半發現物資不夠，這樣繼續走下去可能發生危險，最後只能回家。因此，要等所有的準備都做好了，才能在山腳下準備登山。

止觀相輔相成

我們先前談到的禪修方法，包括三時調三事，是依數、隨、止的次第，達到身心的止靜。

數、隨、止是非常善巧的方法，通常我們的用法是「觀呼吸」，聖嚴師父則巧妙地將其融入「念佛」與「念話頭」的方法中。如果我們能通過這些方法達到一心不亂，即進入止的狀態。此後，若要繼續深入止，也是可以的，但要知道在整個修止的過程中，不能偏廢「觀」的作用。只是在修止時，觀較偏向「觀照」，即知曉、清楚、覺照，至於「觀想」的功能，則並未發揮。如果在達到止後，想要在這個基礎上加強觀的功能，也就是從觀照進入到帶有分析的觀法，或是進入話頭、默照的方法，這樣的用功方式就會更偏重於觀，至於觀能否發揮作用，則取決於止的基礎是否能夠穩固。

有些人在這個階段，會把觀的作用繼續往下沉，以加強其止的工夫，他們會進入色界的禪定，甚至更深入到無色界的空定。朝這個方向的修行者，他們止定的工夫必然很好，但從止觀必須相輔相成的角度看，即使在禪定的境界中，止觀還是滿均等的，此即何以漢傳佛法的定學特別強調禪定，甚至後期以禪定代表整個定學的原因。

四禪定因其定慧、止觀的作用較為均衡，一直以來都受到佛教的重視。至於尚未達到初禪以上的定，則稱為「未到地定」，它歸屬於「欲界定」，此階段的覺照作用較為強烈、粗糙，定的工夫不夠穩固。

我們現在所修的身是欲界的色身，所修的定是欲界的未到地定，假如要進一步修至色界禪定，色身就必須進行適當地調整。有些人在修行一段時間後，會發現身體產生一些內部的變化，這些變化有的明顯，有的不明顯。你如果修到未到地定時，身體可能會有各種不同的觸動，在《禪波羅蜜》與《小止觀》中將其歸納為「八觸」，即身體內部的變化感覺，包括動、癢、輕、重、冷、暖、澀、滑。這些觸感不一定全部完成，但如果已有部分完成，表示身體的內部功能已經具備了色界色身的特徵。色界的色身比欲界的色身更為細緻，假如有色界的色身，心便能安住在禪定以上的境界，繼續向上修，但若仍是欲界的較粗色身，定功就會歸屬在欲界定的範疇裡。

佛教的定學

佛教的定學包括欲界定、色界定和無色界定，不只佛教重視定學，許多其他的修行教派也重視定學。在佛陀成道前，還是一名苦行僧時，他曾經拜訪了許多老師學習定學，根據這些教導，佛陀也能入空定，只是當時的教導並無法如同佛教，將定學分析得如此詳細有層次。

佛陀成道後，針對定學的指導，都記載在佛教的經論中，論師們對佛陀講述的內容進行了整理，分析出四禪的每一禪皆有不同的禪支。論師們大多也是禪師，他們通過傳承和自身的修行體驗，進行分析和整理。我們現在依據這些論典來學習這些定學，比如智者大師在《禪波羅蜜》中所引用的內容，以及《大智度論》和其他部派佛教的論典，這些內容在佛教中非常受到重視，而成為佛教教學的重要部分。

戒、定、慧三學，戒學有一部分是順應世間的需求或當時環境的需要而設，另一部分則是佛陀基於一些外在因緣所制定的，大家在學習戒律時都會了解到這些內容；定學則涵蓋了欲界、色界和無色界的定，論典中對其內容進行了非常細緻的分析；至於慧學，則是從緣起談起。

定學已成為佛教的重要代表，一向深受佛教重視。佛陀其實不一定教導弟子四禪八定，因為很多弟子在親近佛陀前就已經修過這些定功，然而，佛教重視並詳細分析了這些內容，使其成為佛教極具代表性的修行特色。

禪宗不入深定

佛法傳到中國後，則偏重於大乘佛教，而大乘佛教談定，就包含了不入深定的觀念。關於深定，有幾種不同的說法。有認為四空定以上才是深定，有認為禪定以上就是深定。至於大乘的三昧，包括禪定波羅蜜，通常並沒有講到很深的禪法，因為大乘菩薩道強調在現實中實踐。

至於現代的人生佛教觀念，則是由太虛大師所提出。太虛大師認為，綜觀佛教傳承的整個歷程，佛陀時代的修行者，由於根機偏向聲聞乘，他們的修行多為自利，會藉著修深定以出離。針對這些弟子，就必須依其聲聞根機，或說小乘根機，再將他們帶入大乘菩薩道，即《法華經》所謂「迴小向大」，要將他們由小乘帶入大乘。

佛教流傳一段時間後，修行深定的人少了，聲聞根機的人也少了，此時偏向天乘的系統出現。天乘包括了淨土法門，內容與天堂的觀念相似；此外也包括後期的密教，密教主張要修到天色身，方能修行菩薩道。

進入現代後，太虛大師則認為，現代講求的是人本主義，應直接從人乘進入菩薩乘。也因此，近代幾位弘揚人間佛教、人生佛教和人間淨土的大師，都是以人為本，先修人的法門，再從人乘的正法提昇到菩薩乘，而非停留在人乘。

修行可以偏向天乘或聲聞乘，但也可以不偏這兩邊，直接從人乘進入大乘。此即太虛大師的觀念，一個很完整的人生佛教系統。從這個角度來看，大乘佛教重視人間，達至以人的身心所能達到的修定層次，再依此定來修大乘菩薩道與智慧。

隨著中國禪宗的出現，六祖惠能大師推廣禪法後，禪宗的祖師們都強調要以人的方法來度眾生，人乘是大乘佛教很重要的觀念，即行菩薩道不需要繞圈子，不用繞到聲聞或天乘，或到淨土後再回來，直接用人乘來修。

從這個角度來看，禪宗的觀念就非常重要，禪宗主張的是大乘三昧，即不入深定。由於進入初禪以上的定或色界定，必須在止靜的狀態修行，動態中則難以進入如此深的定，而動態是欲界眾生的日常生活狀態，但根據禪宗的主張，在動態中也可以修三昧或修定，基本上就是要達到身心統一的狀態。

在拜佛時，會提醒大家拜佛可以做到身心一致、身心統一，此即不入深定，這仍屬於欲界定的層次，所以色身不會有太大的改變，只是比一般不修禪定的人稍微再細一些。當然，色身還是會有一些狀態上的調整，只要大家不斷用功，都可在過程中慢慢地發現變化。

行菩薩道，可以直接從人的修行進入，而不需要繞道。假如要深入菩薩道，則需要修更深的智慧，才能發揮更廣的慈悲。更深的智慧需要一定的定功，雖然不一定要深入到禪定，但基本的定力一定要具備。

如果你能很好地運用基本的定力，無論是靜態或動態，都能達到身心統一的狀態，那麼在行菩薩道時，將發現許多原本的困難和障礙，不再是問題。當身心處於這種狀態時，你會變得非常敏銳，隨著對因果的體驗愈來愈深入，信心也會增長，更相信因果的觀念。如此一來，處理許多事時，你會發現它們不再是障礙，而是可以依中觀的智慧而行，此即「中道」。

所謂中道，就是不偏不倚，不偏向任何一邊。比方說，我在禪堂的位置，是位在佛像前面的這條路，這是我的中道，但對不同位置的同學來說，你們的中道則各有不同。這樣定義的中道，是由兩邊建立起來的，但真正的中道不是這個意思，不是找兩邊的中間點，真正的中道，是超越所有相對，如不生不滅、不苦不樂、不來不去，同時否定所有的相對，這才是中道。

用比較適當的成語形容中道，就是恰到好處、剛剛好。當你有智慧時，你會發現一切都恰到好處。禪並沒有教我們具體該做什麼，但它會讓我們的心知道該做什麼。當發生事時，如果你有禪修的心，有禪的定和慧，自然會知道該如何處理為宜，因為你會依中道而行，而不偏向任何一邊。所以，行中道時，不再造業，不再受後有輪迴，這就是禪的智慧，也是佛法的重要觀念。

禪要實踐在現實生活

我們應在現實生活中實踐和應用禪法，而非僅僅坐著入深定，於深定中修智慧，這種方法容易偏向聲聞乘。因為當你進入那麼深的定時，通常會遠離世間，遠離五欲，甚至厭離五欲，進入一種離群的空間與狀態。太虛大師認為在佛陀時代，許多聲聞根機的弟子都是這樣修行的，他們為了修得更好，而偏向止的方法，即靜態的方法，但也因為長期保持靜態，他們在與他人交往與處理事務上，變得比較困難。不過，當時也有許多佛陀的弟子，在學會了佛陀教導的核心真諦並解脫後，並未隱居山林，而是回到人間度化眾生。因此，隨著佛陀教學日廣，我們看到佛陀的十大弟子和其他許多弟子，都分散出去弘法，佛陀甚至告訴他們，在弘法的路上不要兩個人同行，意思是說應該分開，多分出一條路，就多一些眾生得度。

這些弟子通過聲聞的方法得到覺悟和解脫後，在度化眾生時已經沒有後顧之憂，所以他們可以專心修行。然而，這些弟子往往有聲聞的個性，喜歡獨處，不喜歡與太多人相處。如果我們也用這種方法修行，雖然不是不好，但可能會導致我們較喜歡遠離人群，與人交往時缺乏善巧方便。

因此，太虛大師主張現代人應從人間修行，通過訓練達到修行體驗後，再行菩薩道。這樣的主張符合中國禪法的傳承，中國禪法一向強調在叢林中修行，當一群人在禪堂共同用功時，就會有另一群人協助他們修行，而在修行有所成就之後，他們會融入叢林生活，甚至到人間去度化眾生。此即中國禪宗的運作方式，我們修行時，要理解並運用這種方法。

當然，修止觀，入深定也是一條可行的路，因為入深定後，在禪定的境界中，因其止觀的均衡性，要修智慧也較易成就。但入深定可能出現一些問題，舉例來說，入色界禪定後，從初禪到四禪，包括初禪天的離生喜樂地、二禪天的定生喜樂地、三禪天的離喜妙樂地，和四禪天的捨念清淨地，到第四禪時，所有的樂都被放下了，但在第三禪時，妙樂充滿全身，一些人在這種狀態下會不願意出定，而長時間停留在定中，觀的作用會逐漸下沉，最終被定所覆蓋，落入了無想定。另外，從色界禪定再往上修到無色界的四空定後，也很容易落入無想定。

至於欲界的定，定的深度較淺，慧的作用則較粗且活躍，因此修行時比較不容易定下來，止的作用會觸及許多外境。而在初禪以上的定境中，六根不再運作，反觀欲界定，六根則依然在運作。

放任六根，內外統一

也因此，包括默照在內的禪法運作，一旦有了身心統一的體驗，就可以放任六根與六塵接觸，因為此時的六根，已不會去追逐六塵。一般來說，當我們放出六根，塵一定會來與之相應，我們會追逐這些塵緣，眼睛一張開就想看東看西；但對於修禪者，他們放任六根，眼睛張開了自然會看，但不特意去看什麼，所有境界映入眼中，清清楚楚、明明了了，但他們的心如如不動。因此，當境界變化時，無常、無我的運作就會非常明顯，心能直接看透這些變化，並安住在無常、無我的智慧中而不隨境轉，達此境界時，放任六根也不會有什麼問題。

但是，普通人一放任六根，可就糟糕了。他們就會跟著外境走，覺得這個好、那個好，什麼都想要，或是討厭這個、討厭那個，煩惱就一股腦兒冒出了來。因此，一般人放任六根是很危險的，但當你處在身心統一的狀態，並體悟到無常、無我的智慧時，那就沒有問題了，你可以放任六根，與外在的境界統一，因為此時所有境界的運作，顯現出的都是你的心。所謂「唯心所現」，你完全清楚那是你的心顯現出來的，那你還會被它轉嗎？不會了。此即默照的特色與作用。

不入深定也可修觀

修行到達止的狀態時，即使只是欲界定，不一定要入深定，也可以修觀。這就好比你已經到達山腳下，就可以準備爬山。用什麼方法呢？觀無常、無我，此即理觀。

傳統禪法特別重視理觀，所以有四念處觀：觀身不淨、觀受是苦、觀心無常和觀法無我。其中，觀無常和觀無我才是最核心的部分，因此，修行者會觀心或觀法。在此狀態下，觀的作用仍在，但因此時的身心非常敏銳，你會對當下發生的一切過程非常清楚，也因為清楚，你會看到事物的流變，進而悟到無常和無我。若能時時悟到無常、無我，就是無常慧、無我慧，即無常、無我的智慧，也就是開悟。

理觀中的四念處觀是最普遍使用的觀法，包含了佛法核心的重要思想，而默照的方法，實則與此相似。

話頭探究生命的疑情

使用話頭的方法，首先要把話頭提起來，從數話頭、隨話頭開始，然後止於一境，讓心與話頭統一。心與話頭統一後，就可以開始問話頭、參話頭。在此過程中，疑情會慢慢地凝聚，然後凝聚成一個疑團，最後再打破這個疑團，這就是開悟的過程。

要注意的是，用話頭的用功，不是為了找到一個答案，之所以要等到話頭和心統一了才來問，是因為話頭與心未統一時，話頭很容易變成一個妄念。加上用話頭時，如果用力過猛，提起話頭就猛攻、猛參，話頭這一念，就可能把各種更深的、更雜亂的妄念全部引動出來。至此，曾經讀過的眾多禪宗公案和詩句，這些記憶會從潛意識中浮現，而以為自己參話頭有了答案，例如「什麼是無？」，跑出一個答案好開心，就想趕快去找師父驗證。如果這是在從前禪宗大盛的時代，你匆匆忙忙來找師父呈交答案，師父可能直接一腳就把你踢出去了，因為他知道不對，不說分由就趕人了！當年臨濟禪師三次被老師趕了出去，就是這種情況。

當然，現在的老師不會這樣處理，而是讓你進門講了一大堆話，最後說回去繼續用功。如果疑情、疑團已經很凝聚，但還沒參破，老師可能會給你一個破點，幫你突破，如果你能奮力一衝，可能就衝破疑團，過關了；但如果還沒有到這個程度，就要繼續不斷地猛參，妄念會一直出現，一下子讓你以為這個是答案，一下子又覺得另一個答案更好，結果參公案參到最後，變成像猜謎，什麼是無？你猜空、佛、菩提……，都是猜的。真正的方法當然不是如此，而是心與話頭統一，沒有雜念後，再參話頭。

話頭的方法，是幫助我們往內不斷深入的過程。通過與話頭統一的力量，我們向內深入，讓內心對生命的疑情顯現出來，並根據這個疑情不斷持續深入，你會感覺好像什麼都不對，但你知道自己終有一日一定能明白，心中有信心，知道自己即使現在還不知道，但最終一定會知道。這好比看到一個人，你知道他是誰，卻叫不出名字，一直努力在想，終於想到：「喔！原來是他。」這雖然是一個比喻，但是話頭就有點類似這樣的狀況。你不但知道，並且確信自己能見到真相，明白是怎麼一回事，只是現在仍有疑情。

當身心與話頭統一，再來問話頭時，話頭會很有力量。但要注意的是，真正的疑情不是外來的，很多人參話頭時，都是在外面抓疑情，邊問邊想：「什麼地方能給我疑情呢？」這樣的想法是不對的，因為疑情必然是內在的。話頭方法的關鍵在於揭示生命的疑情，話頭的方法就是幫助我們把疑情挖得更深，最終打破疑團。打破疑團後，不是得到一個答案，而是見到真相。之所以用「見到」來形容，因為它沒有辦法用語言來表達，你能在當下見到，很清楚地知道是怎麼一回事，但它不是答案。如果你把它當作答案，那就錯了，疑情是沒有答案的，疑情是要打破，然後見到。見到什麼呢？——本來面目。

假如你參的是「什麼是無？」，就是要見到這個「無」。「無」是無法用文字來加以形容，甚至當你要向外傳達所「見到」的訊息時，你也未必會用「無」這個字來描述，但你的心自然就明白了。

當話頭的疑團打破時，古人將其形容為「桶底脫落」。這是什麼桶呢？黑漆桶。你被困在一個黑漆桶裡，猛參到砰地一聲，桶底脫落了，等你出來的時候，會發現沒什麼大問題。你在這個過程中，發現了所謂的本來面目，就是我們生命的本心、心的本性。你用方法親自見到，然後知道是怎麼一回事。當你知道這是怎麼一回事時，你不會把它當作是找到了一個答案，假如有答案，就會有更多的問題，那就不對了。

念佛是誰？

在用方法時，除了可以用數、隨、止的念話頭方法，也可以用數、隨、止的念佛方法，因為有一個話頭即是「念佛是誰？」，有些人念佛，念到一心不亂的時候，可以止在那裡，然後發願往生西方淨土，只要念到一心不亂，一定可以往生淨土，但是這樣要繞一個大圈，再重回人間；若你當下就提起，問：「這個人在念佛，這個念佛的是誰呢？」如此一直問下去，最後就可以見到本來面目。

在問的過程中，你會發現內在的疑情慢慢地顯現，隨著不斷深入，便形成一個疑團。有時你會發現，當疑團愈來愈大或愈來愈有力量時，你甚至連文字的感覺都沒有了，已經不知道之前所用的話頭是什麼，但就是有一個很強的疑情，形成很有力的疑團，讓你知道必須繼續用功下去，直到力量凝聚足夠。這個過程就像吹氣球，你要一直不停吹，直到氣球爆炸。氣球一爆炸，你就會知道原來氣球裡的空氣，和外面的空氣是一樣的。

然而，很多人在吹氣球時，因為氣球上有很多破洞，無論再如何用力吹，還是會不停漏氣。當我們沒有專心一致，不處在一心狀態時，就無法將漏洞封好，結果當然怎麼吹都無法把氣球吹起來，因為它一直在漏氣。這該怎麼辦呢？要先知道哪裡在漏氣，才能封住破洞。因此，在使用這個方法時，心要達到一心的狀態。當達到一心時，很多洞就補上了，妄念就不會再干擾；相反地，用功時如果妄念一直浮上來，就會一直漏氣，這樣如何發揮出力量呢？再用力也沒有力量！所以，不但要繼續吹氣，也要同時把這些漏氣的破洞都塞住，吹到氣球夠大時，它就爆炸了。

大信心、大願心、大憤心

你若是用話頭的方法，就要知道你要爬山了，而且是要用自己的方法來爬。用話頭有兩個重點，一是你要先到達山腳下，二是話頭不走傳統路線，不走古仙人道，得自己摸索著爬山。即使偶能遇到同道中人或老師指點，但主要是你必須自己往上爬。遇到樹就爬樹，遇到水就過水，你要一直保持前行。

在登山的過程，你需要具備更多的條件和更強的力量，因為你走的路是沒有人走過的。如果你的器材不夠、裝備不全，或者自身條件不足，就會遇到困難。比如說，爬樹時沒有力氣，爬不上去，這樣就不能過關。因此，你需要具足條件，做好充分準備。如果準備得當，即使遇到困難，像是肚子餓了，但你準備的糧食充足，那就不成問題。

當你用猛力參話頭時，這個猛力不是外在的，而是往內的力量。大信心、大願心、大憤心，這些都是禪修的必要條件。大信心是信三寶、信自己，相信一定能用方法明心見性。大願心是發〈四弘誓願〉：「眾生無邊誓願度，煩惱無盡誓願斷，法門無量誓願學，佛道無上誓願成。」一大憤心即是精進的力量，讓你能夠勇猛不懈地參話頭。當然，你在爬山前就要準備好這些條件，也需要了解修行理論，比如對山形有一定程度的認識，這會對你有所幫助。

理論和見地一定要建立，爬山的裝備、器材、糧食和體能訓練都必須到位。我們不要覺得方法很好，就急著馬上用，要先衡量自己的條件，在山腳下先檢查看看自己的裝備是否齊全，登山準備是否充分。如果發現不夠，就得先準備好再開始，不要爬到一半又掉頭回來，那就更麻煩了。比方說，你現在若是用話頭的方法，就要清楚話頭需要具備哪些條件。再者，參話頭時，要參疑情參到形成疑團，最終打破這個疑團，見到所謂的本來面目。如此一來，你不會尋求答案，也不會建立各種妄念群組。很多人禪修時，都會建立各種妄念群組，群組一建立，馬上就拉一堆朋友加入。你在用方法時，是否也是如此而無法專心用方法呢？其實這些你一路以來結交的「朋友」，並不會形成干擾與障礙，而是你自己把它們當作干擾與障礙，清楚這一點後，就要懂得放下，方能達到「一心」的禪修必要條件。

念話頭、念佛，或者用呼吸的方法，都能修到一心。當心止時，把話頭提起來，讓話頭和心相應、統一，之後再來問話頭、參話頭。如果你有破參的體驗，見到了本來面目，而仍想要繼續用功，聖嚴師父所教的方法，就是「看話頭」。

師父所謂的「看話頭」，與「念話頭」方法有些相似。但是破參後再提起話頭，就不需要再參，因為已經見到了本來面目，這時提起話頭，是為了修定。

使用念話頭的方法可以修定，我們稱其為「保養聖胎」。此時，雖然明白了本來面目，但若定力較弱，仍會有妄念干擾。而「看話頭」能讓「見到」的體驗持續，這個體驗有時會再生，但不會重複。所以，破參後再提起話頭、看著這個話頭「什麼是無？」，熟悉了這個方法後，便會發現每次妄念或干擾出現時，只要提起「什麼是無？」，干擾就會消失，如此可以在日常用功中幫助增強定力，隨著定力更深，智慧的力量也會更穩定，這時要入深定或其他定境皆無妨，因為有了智慧後，一切都會變得清楚分明，而且在此過程中，定的工夫仍能持續性地保持。

話頭禪第一個步驟是「念話頭」念到一心不亂，第二個步驟是「問話頭」向內深入到問出疑情，然後繼續深入問，直到疑團出現，這是第三個步驟「參話頭」。參話頭要參到打破疑團，稱為「破參」，破參後繼續用功，就是第四個步驟「看話頭」。這就是師父建立起的話頭禪的方法次第，讓我們能循著這「話頭禪四部曲」，一步一步地往上走。

爬山的準備工夫要充足

大家在用方法時，千萬不要心急，登山需要做足許多的準備工夫。而且一旦上了山，就無法回頭再準備了。雖然古人說「欺山莫欺水」，但其實山也不能欺，水更不用說，畢竟掉進水裡不會游泳，那就沒救了！在山裡迷路雖看似較有脫險的希望，但很多人入山迷路後，就再也出不來，也不知他們去了哪裡，由此可見，入山還是很危險的，所以入山前的準備工夫要具足。同理可知，用話頭的方法同樣需要具足各種條件，因此用功是急不來的。

話頭的方法之所以如此有力，是因為用功的條件已具足，所以用話頭時，就會有一股凝聚的力量，而讓話頭的方法產生顯著的效果。但你不要誤會方法一定能馬上見效，就像美國的禪眾來道場樂捐買了幾幅畫，說要學話頭的方法，他以為只要用話頭的方法就能開悟。我們建議他先來打七，他卻說他很忙，沒有時間。像這樣的人，我們怎麼教他呢？當然是無法教了。

所以，不要以為話頭的方法這麼好、這麼猛，只要用了就會有效果。禪修是一個整體，中國禪宗的禪師們也不是突然間冒出來的，都是透過真正的用功，而且是持續性地用功方能成就。當你了解這樣的行為背景後，就要回到自己的身心，清楚地按照程序來用功。

〈第十一講〉

禪的傳承

禪的方法，主要有兩支：一支為話頭，是臨濟宗傳承下來的方法，話頭方法的運作，直到宋朝時才得到確定；另一支則是曹洞宗的默照。

在禪宗興盛時期，祖師們的教學，並不一定有固定的方法，會觀機逗教。他們會應學生的需要來教學，但每位祖師仍保有不同的風格。

斷無明是修行的根本

大乘禪法或大乘三昧並不強調入深定，在佛法修學中，定與慧各有不同的功能，定是從無貪、無瞋去修，定的工夫愈深，愈可減輕或滅除貪瞋煩惱。因此，入深定的人較少一般的習氣，但入深定不一定能解脫。貪和瞋是愛染，是感性上的迷惑，雖然貪瞋對於生死輪迴有很大的推動力，卻並非根本的動力，根本的動力是無明，無明緣行，然後才形成生死輪迴。當我們說「無明緣行」，可能會以為無明有個開始，但在緣起的觀念中，這是不成立的。十二因緣應畫成一個圓圈，無明若繼續追究，還可以往前延伸，但無明基本上可視為發動的原動力。

十二因緣中的「觸」，是六根觸及外境時，所產生的六識作用，根、境、識三者和合，即形成觸的功能與作用，包括心理作用在內。觸是身根的觸覺，但若是心所法的觸，則是指根、境、識三者和合引發的力量。當後者產生的觸識與無明相應，或識中含有無明的作用，就會引發「受」。

受是感受和情緒的反應，也就是愛染。愛染包含了憎和愛，兩者實是一體的兩面，都是根本煩惱的作用。這種愛染不論是抗拒還是追逐，皆會形成一種導致「取」的動力。在取的過程中，人會造業，意志也會被迷惑。取之後是「有」，進而形成輪迴的過程，導致生、老、病、死。

回過頭來看，在觸的階段，一旦觸而有受，其根本動力必在無明。一定要了解這一點，方能解脫輪迴。

至於「惑、業、苦」，人為什麼會造業？因為有迷惑。心有三種功能：理性、感性和意志。當心迷惑時，理性即被無明覆蓋，也就是愚癡。癡的作用，有時被看作是一種無記的狀態；貪和瞋則有很強的分別心，因此，〈信心銘〉的「但莫憎愛」提醒我們，心有所分別，但不要憎愛，於此同時，也不能掉入無記的狀態，要

「洞然明白」。

心在無記的狀態下，沒有智慧，因而沒有分辨的能力，這會引生業的造作。因此，「觸」生「受」，「受」生「愛」，「愛」生「取」，我們日常生活中就是如此。理解了這點，才能追溯到「六入」，再上溯至「名色」和「識」。這種追溯不是尋找所謂的源頭，而是要了解形成生死輪迴的過程，並看清愚癡正是引生後續種種問題的原動力。

憎和愛是引生的結果，是分別心的產物。而在眾生中，人的分別心特別強，加上仍處於無明的狀態，因此人造業的力量也特別強。雖然人的意念和理智有其作用，人有所謂的憶念勝，能記憶、分別和分析，這些都是智慧的功能，但在日常生活中，面對境界時，我們仍常處於迷惑的狀態。迷惑包括理性和感性上的，最根本的則是理性上的迷惑。假如能破除這種迷惑，尤其是常見和我見，便能豁然明白緣起法則，覺悟佛陀所說的實相。通過智慧的引導，與「明」相應的觸，即不再延伸，理性和感性上的愛染，也不再追逐或抗拒，後續「取」和「有」的作用就會逐漸減輕。

業力的習氣

在習氣方面，由於無明緣行，行的作用以及愛染的作用，是推動人造業的最大力量，這些作用形成了很多的習氣。在輪迴的過程中，這些習氣會不斷積累和加強，假如能減輕憎愛或愛染之心及其作用，造業形成的慣性就會隨之減輕，習氣也會逐漸減少。

修定主要對治的是貪和瞋，通過無貪、無瞋來修定，但這並不一定能夠直接斷除煩惱。雖然知道要「但莫憎愛」，可是假如掉入無記，無明仍會持續運作。我們的心若不是與智慧相應，便是與無明相應，即使修定減輕了一些習氣，最內在的無明仍會驅動我們繼續造業。

入深定時，包括四空定最深的定——非想非非想處定，貪和瞋的習氣基本上已經滅除。佛陀時代及歷代的修定者，如果能修至此深定，便不再表現出日常生活中的習氣。這些入深定的人通常隱居深山，不會出現在喧囂的社會中，因為深定須從靜態或靜坐中深入。入了很深的定，外在表現基本上沒有什麼習氣，但如果根本的無明沒有斷除，雖然修得定力，一旦出靜了，煩惱就會再度生起，繼續引生造業的作用。

修行的根本目標是斷除無明，特別是理性上的迷惑，必須滅除或斷除。因此，即使入深定，表面上或行動上的習氣會減少，但不一定能夠完全斷除煩惱，而理性上的迷惑沒有滅除，修行就未圓滿。反之，有些人雖未能入深定，只達到基礎的欲界定，但在欲界定時，如果能借助這股力量斷除煩惱，就能斷除生死輪迴。不過，也因未入深定，憎和愛的某些表面行為，仍然會顯現。

修菩薩道，發揮長處

許多行大乘菩薩道的人，包括有的禪師因為沒有入深定，而常在日常生活顯示生活習氣，由於他們的心已經淨化，所以能用智慧來行持，甚至能轉化未滅除的某些習氣，做為幫助眾生的方法。

眾生皆有習氣，彼此間的習氣更容易互相吸引、聚合，因而相應，佛陀的弟子也是如此。我們知道佛陀十大弟子各有所長，資淺的弟子在聽完佛陀說法後，就會去找他們的偶像，例如，喜歡修苦行的人，不會找富樓那尊者，而會去找迦葉尊者，因為後者與他們的習氣更為相近。

由此可知，大乘菩薩道中的每位菩薩，都有自己的長處，他們在修行菩薩道時，會從自身的長處發揮。禪師也是如此，會顯現出某種風格吸引相應的學生來學習，從而幫助他們。

在觀機逗教的過程中，禪師會根據學生的特點來引導。有時發現學生與自己的風格不符合，就介紹他們去向其他老師或禪師學習，學生便依建議前往，這樣的情況在公案中多有記載。

這顯現出禪法運作的現實性，非常符合我們現實社會的運作。禪師在度眾生時，會有各種善巧方便，能順著自己的個性顯現出不同風格，於此過程便出現了一些教派和宗派的分支。這種分支的狀況，在佛法弘揚的過程非常普遍。

禪宗分支後，各禪林風格不同，而在南傳佛教國家也有很多禪林，你會發現有些禪林會讓你想留下來，有些則讓你想轉往他處。這緣於菩薩度眾生時，使用的善巧方便各有不同，隨其個性顯現出不同風格，這點在中國禪宗尤為明顯，每位禪師都有獨特的風格和度眾生的方法，有些禪師的教法非常慈悲柔和，有些禪師的教法則比較猛烈，用的方法看似粗暴，卻很有效果。

禪宗分宗，建立方法

禪宗分宗後，從其流傳的過程中發現，並非每位禪師都能敏銳地了解學生的根機，因此，有些禪師便根據其宗派特有的觀念與理論，以此設計修行方法，比較著名的方法即話頭和默照。

其實佛教早期的祖師和禪師都用過這些方法，甚至還用過其他方法，隨著這些方法逐漸形成固定模式，便被後人廣泛運用。這些模式和方法雖然很好，但不一定對每個人都有效，因此，仍需要有各種不同的善巧方便。

舉例來說，漢傳佛法首先影響到韓國與日本，尤其是禪宗。日、韓皆有禪宗，日本甚至很早就把禪法傳到西方，雖然日本也有臨濟宗和曹洞宗，但在傳承的過程中，已融入了日本祖師的風格。

在日本文化中，武士道為其核心精神，這種精神滲透到日本的許多方法和思想文化中，無論是花道、茶道，都結合了武士道精神，形成了獨特的系統和流派；至於在中國，因為中國文化的思想核心是圓融，所以即便宗派間各有不同風格，但也不會有非常嚴明和固定的劃分，大多交融在一起。其他地區的佛教，也經歷類似的過程。

我們不該幻想現在的傳承，完全是佛陀最原始的教法和教理，因為在一脈相承的過程中，必然會分支出不同的善巧方便。也因此，不要拘泥於那個年代的方法，畢竟我們無法回到佛陀時代。即便是印度，佛陀時代的印度，也與現今的印度截然不同了。

世間一定是處在不斷演化的過程中，假如朝往負面的方向發展，最終文化就會慢慢地退化，甚至衰退滅亡；但如果在發展的過程中，不斷地加入、吸收好的元素，文化就得以成長。所有文化在流變的過程中，必然會面對挑戰，也必須做出回應。如果回應無力，或是累積了太多負面元素，文化就會漸漸地衰微。比如說，中國文化也曾經歷西方文明的入侵，但這反而激發了許多知識分子去吸收、學習這些異文化。因為中國文化有著幾千年的傳承和深厚的底蘊，並且有核心的圓融思想，而能在吸納異文化的同時，開展出自我的新文化。

佛教在發展的過程中，也面對過同樣的情況。有些地區的佛教，在演化過程中失去了佛教的本質和特色，例如印度佛教，在印度幾近絕跡。另外，在東南亞的一些地區，以及現在中國的新疆地區，原本是佛教的國家，但在演化的過程中，逐漸被其他文化取代。

至於漢傳佛教，也曾有一段時間非常衰微，但經過一些高僧大德的力挽狂瀾，他們發現了佛教的生命力，並使其復興。佛教因而逐漸提昇，有些方法便得以傳續下來，一脈相承至今。

細觀中國佛教的傳承，其實在從宋代到明代之間，也就是在元代，也曾出現了非常嚴重的斷層。元代是北方蒙古族的文化，他們占領了中原，形成了不同文化的傳承，造成漢文化某種程度上的中斷，雖非完全滅除，但在某些方面出現了斷層。直到明代，漢文化方得以續回，而在清代，又受到了一些影響。不過，由於清朝皇帝對漢文化比較嚮往，而且利用漢文化來統治國家，漢文化因此得以傳承和保留。

符合現代學習需求的禪法

儘管經歷了千辛萬苦，禪法仍能一脈相承，這實在是非常深厚的福報，才能有這樣的因緣。在此傳承中，不論是佛教或中國文化，在危險的時刻，佛教中總會出現一些大師級的宗教家，懷著濃厚的宗教情操來復興佛教。我們現在可以說是在享受他們傳下來的福報，繼續學習這些方法。在這一脈相承的過程中，有些老師運用不同的善巧來引導我們，以在學習上產生更大的空間和更廣的視野。也因為有這些善巧，禪法能不斷地調整和改進，並加入新的元素，成為更符合現代學習需求的禪法。

假如要我們回頭去學一、兩百年前的技法，一定會產生隔閡，但如果能夠直接從一脈相承至今的傳承中學習，就能更好地吸收和理解，如此回到每個人自身的用功，自然能更明確且清晰地掌握方法了。我們現在使用的方法，比如話頭，經過長久的代代傳承，並在叢林中廣泛應用，於今能否善巧運用，關鍵在於老師的教導。

聖嚴師父大約是在七〇年代後期開始教授話頭，我是在八〇年代跟隨師父學習的。師父將禪法傳到西方後，過程中不斷地進行調整，以適應西方人的個性、文化和需求，設計出不同的方法和運作方式，到了師父晚年，已逐漸建立起完整的禪法系統。其實，早期師父也教導這些方法，但與話頭、默照相關的資料，則是較晚期才整理成書。這些書籍內容多半是在西元二〇〇〇年後，當師父的開示講解更加完整了，方才進行彙整。

在閱讀這些書時，你會發現與我們現在的學習內容很貼近，因為通俗易懂，並且實用。因此，在介紹話頭方法時，可以看到師父建立的次第，借用了數、隨、止和六妙門的善巧方便，以幫助我們更好地運用方法。

掌握方法要領

在默照禪的部分，師父的教學不斷運用各種方便和說法來幫助我們切入。我們比較熟悉的方法是先覺照全身，這個方法令很多人受益，但要提醒的是，當你的身心還很粗糙、緊繃，身體還在用力時，很難達到這種覺照。因此，師父建議此時可以先使用局部、逐步覺照和放鬆的方法，從頭部慢慢地放鬆下來。

使用這個方法時，有些人會用意識告訴自己放鬆，如「頭部放鬆」、「眼睛放鬆」，但這只是意識在提醒，而不是用心，也就是用身根去觸覺身體。我們應該要用心去觸覺身體的每個部位，即使不能整體，但隨著用心一步步地去觸覺，慢慢地就能觸覺到整個身體，並達到放鬆。

在逐步、局部放鬆的過程中，有些人會有這種狀況，先前本來有感覺的部位，後來卻沒有感覺了。這時就要注意，經過哪個部位，觸覺的心就要在那個部位，不要用意識去想。知道頭部要放鬆，那麼在覺照頭部的時候，是心觸覺到頭部，其他部位如腿、腳等也是如此。當觸覺到腳和腿時，就要回到整體的覺照。否則，如果觸覺常常中斷，只能有局部的觸覺，便無法形成整體，如此一來，覺照力和敏銳度就不夠，而難以達到身心統一。

這個方法需要不斷練習，每次逐步覺照和放鬆後，要停下來觀照整體。隨著不斷練習，整體的觸覺會愈來愈敏銳，方法就能得力。如果這個方法還用不上，可以改用呼吸法，讓心先慢慢地凝聚、統一。當心統一後，覺照的作用會更敏銳，這時就可以轉入其他方法，例如繼續深入用話頭；如果是用默照方法，則要慢慢地放開，讓這個敏銳的、統一的心，去觸覺整體身根。

即使我們能夠做到身心統一、默照同時，甚或放任六根與外境統一、內外統一，基本上，還是「默」的成分居多，「照」則仍停留在很清楚地覺照。如果只是這樣，其實還不是默照的悟境，而只是一種「統一境」，或是所謂的「輕安境」，感覺很舒服、很輕安，心也很清楚；如果心不清楚，那就只有「但莫憎愛」，而沒有「洞然明白」了。因此，但莫憎愛和洞然明白，兩者必須逐漸成為一體。

我們在用功時，大多是止和觀兩方面的運作，但這兩個功能其實是相輔相成的，必須讓它們統一。六祖惠能大師告訴我們要「定慧一體」，也就是身心應是在定慧一體的狀態下運作，而方法就是要幫助我們達到這個狀態。

默照說是方法，卻又好像沒有很具體的方法，就像「只管打坐」的觀念，很容易讓人覺得方法不具體，因為它只是讓你的心去感受而已；而師父則是從覺照下手，將方法具體化。一般來說，照的作用比較容易覺察，如果運用得當，就能達到統一，或者默照同時。在此狀態下，即當身心統一、內外統一之時，身和心的作用仍持續在運行。因為有覺照的心，能很清楚地知道，但不會被所覺照到的事物干擾，心能處在一種平衡的狀態。唯有心平衡，才能處在真正的「默」，而又同時能清楚地「照」。

至此，身心仍在流動，還有一些作用。心能理解這些作用，這種理解不是刻意地去觀想什麼，而是在覺照的過程中，由於心很安定，所以對覺照到的種種事物，不論是聽到的聲音或看到的情景，或是身根的某些觸覺，都會自然地有所體會，對觸境有所感受。

假如你一直保持在平衡的狀態，身心統一，默照同時，覺照的力量就會更敏銳地去覺知這整個過程，既沒有一個「能」，也沒有一個「所」，因為能、所是相對的。在此狀態裡，你會發現沒有能所，既無「能所」，就沒有「我所」，也就沒有「我」了；但你如果刻意地要去知道這些，那就是動念，就變成一種觀想。

默照中的「照」，與止觀中的「觀」有所不同，「默」與「止」也有所不同，這是因為在修止時，通常要有一個所緣境，方能讓心凝聚；至於默的方法，則不停留在某一個點或某一個所緣境上，要將所緣境慢慢地化成一種作用。這也就是說，當進入默照的運作時，心是放開的，隨順著因緣，保持在一種平衡的狀態，並且非常清楚地知道。也正因為很清楚地知道，會發現整個過程中，並沒有一個「所照的境」，也沒有「能照的我」，如果在當下能有這樣的覺知或覺悟，那就真正契入到「無我的智慧」了。

默照同時，身心統一

在學習的過程中，我們必須要有理做為依止，成為修行的一個依據，在達到境界時，才可能產生這樣的體會。

很多人在用默照時，即便他們未必是學禪者，也可能達到此境界。然而，他們無法更深層地運用這個心去覺察，原來在身心流動的過程中，沒有一個實體存在，一切都是因緣的流動。因緣是相對的，因為有相對才有能、所。如果在過程中，發現沒有能、所，並且明白沒有一個「能觀的我」，也沒有一個「所觀的境」，這才是真正的「默照」覺悟體驗。

如果你有這樣的體驗，在現實生活中，就可以保持這種默照同時、身心統一的狀態，繼續與人交往，但你的心會清楚地知道一切都是因緣流動，處於無常、無我的狀態，而在無常、無我的運作法則裡，一切都是空的。有了這樣的智慧，在處理事時，方式和態度就會完全不同，這就是智慧發揮出的功能。

因此，我們說禪與現實生活是一體的，當這樣的智慧在現實生活中運作時，就不會再造業，因為心不但已沒有憎愛，而且是明白的。這個明白，不只是知道而已，還能照見五蘊皆空，所以心無罣礙，從而得到解脫。

直觀憎愛是輪迴

當你練習方法時，如果能有這樣的體會當然很好，你會發現這整個過程都是直觀，一切都是從你的內心直接流露出來，而不需要再加進任何東西，但一般說來，大多數同學現有的條件還不具足，而難以立即達到此境界。這是因為我們平常會加入很多妄念，去分別、分析，而在分別、分析時，就會加上「憎愛」，如此一來，愛、取、有、生、老死就會延續下去；反之，若無明滅，所有一切也會隨之息滅，不是因為我們去斷除它，而是自然地息滅。

假如你的心在統一境中，見到了無常、無我，見到了空，此即默照的悟境。默照不講本來面目，只講心的本性。從緣起的道理，我們知道心的本性是空，所以心的本性也是清淨的，每一個眾生的心性都是清淨的，因而說「自性清淨」。

如果你到達悟境，這種清淨的自性功能就會直心地流露，你的一切造作就不會再加造業的力量。現實生活中，你的表現可能和一般人無異，但在心理上則是不同的。這種不同不是有什麼具體的分別，而是指你在悟的狀態中生活，那些沒有開悟的人，則處於迷的狀態。

在悟中生活的人會非常清楚地知道，清淨的自性是不會被汙染的；我們是在迷的狀態裡，才會見到汙染，並進而分辨什麼是清淨。對開悟者來說，不管虛空中發生了什麼事，虛空本身都不會被汙染。

由此可知，我們的心其實從來沒有被汙染過，就如這個空間從未有過增減一樣。所謂增減，比如我們現在要打七，需要在禪堂加上蒲團和坐墊，如果不需要，就再把它收起來。對於虛空或空間來說，無論是增添還是移除，空間本身並沒有增減，但我們在運作時則會有增減。

我們的增減是基於需求，是因為外在因緣在流動，我們需要隨順因緣來運作。在隨順因緣運作時，開悟者的心是清淨的，而且知道不管外界如何變化，心都不會被汙染；至於一般人會有汙染，是因為處在迷的狀態中，不知道自性清淨，或是不能深信乃至見到清淨的自性，所以還會有迷惑。因為有了迷惑，在增減的過程中，就會加入自己的分別心。

例如，當大家離開禪堂後，如果你進來看到坐墊和蒲團沒有放好，心裡責怪這些人都沒有把坐墊和蒲團擺好，那只是你的心在動念，其實對坐墊和蒲團，以及對禪堂的空間，都沒有任何影響。當人在迷時，分別就加進去了，煩惱也加進去了，悟者則會隨順因緣。看見大家沒有把坐墊放好，迷人會起煩惱，覺得怎麼可以這樣，並起憎愛之心；悟者則不會多說什麼，如果覺得應該要整理整齊，會自行動手做好，過程中因為不增不減，所以心裡沒有煩惱。

我們的習慣是進禪堂後看到這些情況，會因為彼此都是熟悉的師兄弟，也清楚那些不整齊的座位是誰的，因而起了煩惱。這些雜染的問題出在我們自己，坐墊沒有問題，虛空沒有問題，禪堂也沒有問題，問題在我們自己。就如六祖惠能見二僧爭執風動或幡動，結果不是風動，不是幡動，而是「心動」。

如果你悟了，進到禪堂看到坐墊和蒲團沒放好，覺得需要擺整齊，你就把它擺整齊，不會動其他念頭。因為你認為在禪堂中大家都這樣運作，所以你就這麼做，你不會起煩惱，也不會去追究是誰的座位，或是去打小報告，要他把座位擺好；至於迷人的所為，則是看不慣別人的座位不整齊，又不願自己動手，如此就起煩惱了。迷、悟兩者的差別在於悟者不會有分別，只是隨順外在的因緣，把事處理好，心裡沒有煩惱。由此可見，悟與迷，實則只在一念之間。

我們學習默照的方法，到達統一境時，你的心能不能見到無常、無我，尤其是無我的「沒有能所」，如果悟到了，你會明白這本來清淨的自性沒有加入任何東西，但因為我們不明白，理性上有迷惑，所以才加入了憎愛；如果理性上沒有迷惑，你的所有作為就不會加進憎愛的煩惱，照樣在生活中做應該做的事，這就是中道，恰到好處。看到坐墊擺得不整齊，你就把它擺整齊，讓每個同學早上進入禪堂都歡喜，不怕被你打小報告或記錄下來。

當修行有了開悟的體驗，會轉化我們的心，但是並非真正改變心的本質。從唯識學的角度來說，此即「轉迷為悟」。禪宗的修行非常直透，直接看透並明白真相，假如方法運作得當，它會經歷不同的過程，但最根本的是，你必須真正見到無常和無我，見到這個空性。

話頭的作用是見到本來面目，話頭的運作是給你一個明確的目標和方向，讓你在用功時朝這個方向前進，最終要打破這個疑團。在生命流轉的過程中，我們一定會產生疑情，對於容易產生疑情的人，話頭的方法特別相應。因此，祖師們採用了這種方式，早期的禪宗還使用公案，參的是禪師或老師與學生之間的互動，你需要了解公案建立的過程，依據什麼理論來做判斷。後來，祖師們發現這個過程雖然有效，但話頭的方法更直接。

參公案的方法，韓國和日本至今仍在使用。至於中國，在宋代時，從大慧宗杲禪師開始直接使用話頭。他發現我們生命中存在一種疑情，這種疑情與話頭的方法相應。如果你從小到大一直思考生命的問題，探究生命的意義和價值，那麼你就需要參透這些問題，找到答案。這個過程和方法與你相應，疑情會從你的內心引生，最終凝聚成一個疑團。

所有方法皆用默照

如果你在修行時，比較注重安定的狀態，則可選擇默照的方法。其實，在使用話頭時，還是需要融入默照的觀念。「但莫憎愛，洞然明白」是一個觀念，這個觀念必須要與方法結合。所有的方法在應用時，一定會有默和照的成分在其中，意即不管用什麼方法用功，都一定要專注、一定要覺照。

參話頭時，想讓話頭與心統一，就必須要專注、覺照。當專注覺照統一後，心與話頭統一了，你再加強覺照的作用，然後把它凝成一個疑團，在這個過程中，默和照的工夫仍在。如果你直接用默照的方法，以覺照全身達到心與身的統一，內與外的統一，處於統一境時，那就是默照。如果是用數、隨、止的方法，過程中也是要專注、覺照。

因此，惠能大師告訴我們，定慧體一不二。定和慧，其體為一，而在應用時，會根據我們的狀態去分別它，因為前者比較感性，後者比較理性，但在實際運作中，達成修行目標之時，兩者一定是統一的。

默照既是一個觀念，也是一種修禪的方法。這一種方法，沒有特定的方法，但任何能夠幫你達到「但莫憎愛，洞然明白」狀態的，就是默照的方法。

數、隨、止的善巧，它就是方法，這個方法能讓心安定，在安定的同時保持清明，不受過去累積的妄念干擾，然後再與法相應，當見到法，或者見到本來面目，就完成了修行。

至此，心的清淨與智慧，能自然地從內心流露，並且不再添加任何東西。應對一切外境時，都能直心流露，不再添加種種憎愛。當然，在表現上仍會有所分別，因為見山還是山，但已經過了不是山的過程，所以能清楚地知道，既然大家稱這是山，我也就稱它是山，但在修行過程中，你已發現它是因緣和合的，是空的，所以要稱它為任何名稱都可以。換句話說，當你過了這一關後，既然大家說是山，我也說是山，沒有必要為其說事，大家要叫它什麼都可以，我隨順便是。

與明相應，行於中道

開悟並不意味著你會變成另外一個人，或者突然擁有什麼超能力和神通。表面上，你看起來一切如常，但在智慧的運用上則大有不同。因為與明相應的觸，和與無明相應的觸是不同的，這種不同體現在運作時，前者符合因緣法，所以能行於中道。

中道是不落兩邊。我們平常所說的「中」，是相對於「邊」而言，不落兩邊就是中道。如果偏向某一邊，就會產生偏差，只要不落於兩邊，就能不落生滅，所以順著因緣走，就能達到不生不滅。

真正能夠隨緣的人，都是已經有體驗、有悟境的人。我們常說「隨緣」，實則心裡充滿了算計，而開悟者所講的隨緣，那是真正的隨順因緣。當因緣在流動時，隨順著它，就不會添加新的東西，這樣一來，便不會引生新的動力，這樣過日子是很自在的。

所以，修行是有用的，但不要等到開悟了才來用它。在拜佛時，也是要邊修邊用。例如，在日常生活中，要清楚知道自己在做什麼，並保持不帶憎愛的態度。當然，要完全做到並不容易，但我們應該盡量讓心專注與安定，不偏向任何一邊。遇到事情時，不要立刻爆發你的習氣，或是馬上追逐喜歡的東西，先讓心安定下來，清楚地照見，然後採取適當的方法。此時所採用的方法，不一定完全符合中道，但你會發現減少了很多後續的造作力量，減少乃至滅了後有，方能斷輪迴。

如果平時無論採用何種方法，專注、覺照的心始終在運作，那麼定慧也會持續運作，而能持續保持無貪、無瞋、無癡的狀態。假如能依此三善根處理一切事務，就不會動不動起煩惱，或感到委屈，覺得別人對不起你，而產生一大堆的負面情緒。

我們之所以會產生負面情緒，表示意志上的迷惑。意志上的迷惑即是「慢」，慢是相對於「卑」，覺得很委屈就是自卑感。因此，不要總說「你傷了我的自尊心」，自尊心不會被傷，受傷的是你的自卑感和我慢心。如果你覺得自己很厲害，當別人打你兩巴掌時，是不是就覺得委屈了、自卑了？我慢心會傷害別人，自卑心則是傷害自己。我們不要停留在自卑心或我慢心，應該要不卑不亢，讓自己在意志上沒有迷惑，心理上沒有負面的情緒，做事順著因緣走。不要總是把自己的情緒加進去，情緒一旦加進去，行動上就會出現分別與憎愛。

禪修的重要功能和用途，就是要在日常生活中運用。如果你只是躲在這裡打坐說：「我在用功。」但一出禪堂就滿身煩惱和負面情緒，像這樣子的話，怎麼會有好日子可過呢？每天都要面對這麼多人，你能受得了嗎？反之，如果你把禪修的心態帶入生活，日子就會好過多了。

在修行的過程中，心要盡量保持在默照的狀態。任何事發生時，要先「默」後「照」，再看如何去處理事。這就是聖嚴師父所說的「面對它、接受它、處理它、放下它」，此即默照的工夫，也就是深信因果。總結來說，我們在理上要深信因果，觀念上則依默照的基本原則運作，方法上則是靜態與動態用功並重，這就是禪修的整體性運作。

悟的生活和迷的生活

不要以為你進來禪堂打坐是在修禪，一出去就變成另外一回事，若是如此，無論你再怎麼修，禪修都無法發揮功能。這就是何以古代禪師在叢林裡，不管人是否在禪堂，修行時常因老師的一句話或遇到的一件事，例如打掃時碰到一塊石頭，就開悟了。因為他們當時都處在身心統一的狀態，所以一個聲音就可以得到觸動。當聲音發出之時，馬上就能警覺到，此即所謂「身心脫落」，忽然間，發現到無能無所，發現到經過這麼多的用功，自己已達到哪個階段，然後藉由一個境，體會到自己的理解和體驗是什麼，當下心中的智慧功能就顯現出來了。

雖然我們仍不能達到這種境界，但還是能把這個工夫、觀念與方法的運作貫通起來，讓我們在日常生活中過得更自在。這就是用默照在生活，用所謂「但莫憎愛，洞然明白」的心在生活，這樣的生活也符合「至道無難」的生活，因為沒有東揀西擇，就是不落兩邊、符合中道的生活了。如此說來，修行有用嗎？當然有用！

從禪修乃至中國禪的運作，都讓我們更深刻地體會到太虛大師所謂的「尋常日用」。佛法如果能在日常生活中運用良好，你會發現生活其實很自在，不自在是因為自己加了太多東西進去，而佛法能讓我們不再迷惑。雖然我們現在還沒有完全清醒，但應盡量過著清醒的、以悟為方向的生活，即使尚未真正體驗到悟，但修行給了我們種種悟的啟發和應用，就應該好好地應用它。

雖然我們現在可能用方法用得不那麼自然，那就得不時自我提醒，要將方法運用到日常生活中，如此一來，這樣過的就是「悟的生活」，不會一直掉入「迷的生活」。因為你不斷地提起自己的悟性，思惟佛性是什麼。佛性就是覺悟的能力。知道我們有佛性，所以時時提起，讓佛性的功能，即使在還沒有悟的狀態下，都能夠發揮出來，這就是禪的特質和特色。

我們非常有福報，因為在禪修的系統裡，可以直接用語言和文字學習這麼高深的智慧。因此，我們真的要好好地珍惜，將這些方法應用到生活中，然後慢慢地在過程中深入，直至體會「行深般若」的智慧。

〈第十二講〉

轉煩惱為菩提

課程今天要解封了，大家在這段期間是主動來閉關修行，然而，前一段時間我們都被動地閉關，而且一閉就是兩年多。在那段被動閉關的日子裡，大家過得好嗎？突發的新冠肺炎疫情令人猝不及防，讓許多人感到煩躁；假如你們現在有因緣進行個人閉關，無論是三年或五年，在入關前一定要先做好各種準備。

禪宗有句話：「不破參，不閉關；不開悟，不住山。」這樣說來，閉關似乎都是要在開悟、破參之後，才能進行。不過，現在有許多道場設計了閉關的生活，讓一些想修行的人來用功。可是閉關時，如果身心沒有做好準備，課程設計也不完善，閉關的日子會變得很苦悶。因為閉關時，不是打坐就是讀經，這些都需要安下心來才能做好。有的人參加短期禪修，進來兩、三天就想溜走，那就是身心沒有做好準備，但我相信你們不會發生這種情況。

智者大師在《小止觀》的二十五方便中，講得很清楚，進修時需要善知識的幫助。比如說，我們每次辦活動時，外護的善知識總是默默地護持大家用功，而同行的善知識和教授的善知識，也都很重要。善知識具足了，對我們的閉關有很大的幫助。

如果是個別閉關，就沒有同行，也沒有老師，像這樣的閉關方式，必須具備良好的身心條件。例如，聖嚴師父在閉關時，就沒有老師指導，只有護持他閉關的法師，當時關房內的一切完全得靠自力。

被動閉關，主動改變

當新冠肺炎疫情襲捲全球時，我所在的馬來西亞封鎖得非常嚴密，有時連出趟門都不行，有時又會解封，讓大家出去透透氣，經常反覆地封鎖和解封，造成很多人的生活困難。有些道場因為資源不豐，加上疫情期間沒有信徒來訪，而面臨了糧食短缺的問題。那時有些佛友來找我，提到封鎖期間很多人不但身心出了問題，家庭也出現了兩種極端現象，一種是家庭變得更和諧，因為父母長期在外工作，無暇陪伴家人，而封鎖期間在家，反而真正享受到了和諧的家庭生活；另一種是平時家人在外奔波，不會注意感情隔閡和生活摩擦問題，現在二十四小時都住在一起，導致矛盾加劇，甚至鬧出家變。因此，佛友們希望我針對這些問題，在網路上做些關懷談話。

我藉著在網路上發言的機會，將這段被動的時期稱為「被動閉關」，提醒大家要轉被動為主動，把心態調整過來。既然外在環境已經如此，你不調整心態就永遠過不了這一關。雖然無法改變環境，但你可以改變自己，看看在這一種狀態下，自己還能做些什麼。

「被動閉關」一詞提出後，我發現很多人開始意識到這個問題，並調整了心態。很多人因此成功度過難關，甚至在過程中成長了。所有現象的顯現，都有一體兩面，如果是消極地看待，最後很可能就一敗塗地；積極地看待，最後必能得到成長，度過難關。因此，環境對我們來說很重要，但更重要的是自己的心態，如果能改變心態，環境就不再是問題。

你們出家都是自願的，不是被動的，修行也是如此。既然出家是自願的，就要對自己負責，實現自己發的願。因此，我們要常常提醒自己「不忘初心」。你無論是出家或修行，都是為了三寶。但是在為三寶服務的同時，你在利他中，也完成了自利。事實上，你自己所得的受益最大，甚至可以開悟、解脫。既然是自願來修行，就要依願而行，全力以赴，一定要保持初心。

善用當下環境用功

新冠肺炎可說是人類歷史上最嚴重的一次疫情，被形容為人類的「第三次世界大戰」，和前兩次世界大戰的最大差別在於，這次不是人與人之間的戰爭，而是人類與病毒的戰爭。我們最終還是挺過來了，但在這場戰役中死亡的人數也不少。死亡的原因不是子彈或大砲攻擊，而是病毒。疫情後，有些人改變了生活態度，原本小氣的人，變得更加大方，因為他們明白，如果那時確診就離世了，所有應屬於自己的享受會立刻化為烏有，這樣還不如把握當下，對自己、對別人都好一點，由此可見，疫情讓他們成長了。

我在疫情期間不曾出過國，相較疫情前，我一年有十個月都在飛行，每個月都要坐飛機，突然間不能飛了，而且一停飛就是三年，改變了整個活動行程。二〇二三年疫後，我首次飛往波蘭，感到非常不習慣，雖然以前常搭機，但是封鎖期間已習慣了獨處，突然間要和那麼多人待在同一個空間，感覺有點煩躁。

太平佛教會在封鎖期間，只剩下我和一位看守佛教會的居士與他的母親。後來半解封了，有些學生會送飯菜過來，可是我這時已經習慣一個人在偌大的空間裡獨處，所以解封後和那麼多人一起坐在擁擠的機艙中，真是不太適應，覺得飛機不那麼好坐了。

在無法出外弘法的那段時間裡，我主要都在寫字和畫畫，因為紙、筆、墨隨手可得，一得空就創作，結果產出了大量作品，期間舉辦了多次書畫展。其實在任何環境中，都應該藉著當下的環境來用功，這也是佛法給我們的一種能量。

太虛大師有一首詩：「佛法如如萬法融，真真俗俗本圓通，若能悟得無他事，只在尋常日用中。」意思是說，如果我們對佛法有所體悟，便不再有什麼惱人的事，因為根本沒事了。所謂「若無閒事掛心頭，便是人間好時節」，而修行的所有一切，都在我們的尋常日用中。

太虛大師是近代最偉大的高僧，他復興了中國佛教，使衰微的佛教重新振興起來，他將許多重要的理念注入佛教中，我們現在仍在直接或間接地跟隨他的指導。

太虛大師強調「人生佛教」，法鼓山也提出「人間淨土」，這些都是很重要的引導，幫助我們在日常生活中，以人為起點來修行菩薩道，而不再繞遠路。

面對挑戰鍛鍊智慧

雖然人類有很多的煩惱，但同時也擁有最高的智慧，因此，人是善惡上下之間的中樞。相較於其他眾生，人若行惡，墮落得最快，但若用功向上，進步得也最快。因此，太虛大師特別強調「人身難得，佛法難聞」，我們出家修行、修禪，更是難得的福報，要珍惜這些福報，好好培福、植福，再將這些福報布施和分享給更多的人，這是我們的責任。

生活中的人際問題是最難處理的事，但這些問題往往能帶給人更多的磨練。如果你沒有遇到某些事，表示你還沒有達到那個境界，也就是我們所遇到的問題，其實都和自己的人生經驗與智慧相關。

面對挑戰或問題時，如果不知如何應對，或用負面的情緒、態度回應，最後就會被撃垮，因為回應的方式和方向是錯誤的。這些挑戰和外在環境所帶來的磨難，其實都和我們的修行與成長有關。沒有無緣無故發生的事，每件事都與我們的成長和歷練息息相關。如果每次遇到問題時，我們都能用正面的態度去回應，將被動轉為主動，就能夠轉煩惱為菩提，將貪、瞋、癡轉為無貪、無瞋、無癡。將「煩惱心所法」變成「善心所法」的關鍵點，兩者差異只在於一個「無」字，就沒事了！煩惱與菩提，實為一體兩面。

我不知道在疫情期間，大家是否在被動的情況下，經歷了更深層的自我轉化過程？但我有很多朋友，因此變得更懂得如何提昇自己。希望大家面對環境中的各種狀況，都能懂得如何應對。現實生活中遇到了人事問題，也能很快明白發生了什麼事，並知道這些問題與當時的因緣是相當的，只要多加入一些正面的元素，就能轉煩惱為菩提、轉染成淨，這些都是修行中非常重要的轉化過程。

每個人都有自己的長處和優點，要盡量地發揮。對於自己不足之處可以補強，但不要想一個人要做完所有事，也不要把所有事都交給別人做。每個人都要承擔自己的責任，把自己的角色扮演好，一起分工合作，就能把事做好。做事就是這樣，有人帶動、有人執行、有人細分、有人配合，當因緣具足時，果報就會現前。

這期的課程就分享到這裡，這回的因緣很難得，聖嚴師父用了很多心思，建設出一個如此適合修行的道場，大家一定要珍惜福報，好好地用功，一方面是為了成長自己，另一方面也是為了報眾生恩，方能不忘初心，不辜負師父，也不辜負自己和眾生。

（二〇二三年六月十二日至二十五日法鼓山僧眾精進禪十四開示，講於法鼓山園區禪堂）

智慧人 59

問禪──繼程法師的十二堂禪修課

Quest of Chan: 12 Lessons by Chi Chern Fashi on Chan Practice

著者	釋繼程
出版	法鼓文化
總監	釋果賢
總編輯	陳重光
編輯	張晴
封面設計	化外設計
內頁美編	小工
地址	臺北市北投區公館路186號5樓
電話	(02)2893-4646
傳真	(02)2896-0731
網址	http://www.ddc.com.tw
E-mail	market@ddc.com.tw
讀者服務專線	(02)2896-1600
初版一刷	2024年12月
建議售價	新臺幣400元
郵撥帳號	50013371
戶名	財團法人法鼓山文教基金會─法鼓文化
北美經銷處	紐約東初禪寺
	Chan Meditation Center (New York, USA)
	Tel: (718)592-6593 E-mail: chancenter@gmail.com

法鼓文化

國家圖書館出版品預行編目資料

問禪：繼程法師的十二堂禪修課 / 釋繼程著. -- 初版. -- 臺北市：法鼓文化, 2024.12
面； 公分
ISBN 978-626-7345-53-5 (平裝)

1. CST: 禪宗 2. CST: 佛教修持

226.65 113016151